中华人民共和国
国家赔偿法

（实用版）

中国法制出版社
CHINA LEGAL PUBLISHING HOUSE

编辑说明

运用法律维护权利和利益，是读者选购法律图书的主要目的。法律文本单行本提供最基本的法律依据，但单纯的法律文本中的有些概念、术语，读者不易理解；法律释义类图书有助于读者理解法律的本义，但又过于繁杂、冗长。“实用版”法律图书至今已行销多年，因其权威、实用、易懂的优点，成为广大读者理解、掌握法律的首选工具。

“实用版系列”独具五重使用价值：

1. **专业出版。**中国法制出版社是中央级法律类图书专业出版社，是国家法律、行政法规文本的权威出版机构。

2. **法律文本规范。**法律条文利用了本社法律单行本的资源，与国家法律、行政法规正式版本完全一致，确保条文准确、权威。

3. **条文解读详致。**本书中的【理解与适用】均是从庞杂的相互关联的法律条文以及全国人大常委会法制工作委员会等对条文的权威解读中精选、提炼而来；【典型案例指引】来自最高人民法院公报、各高级人民法院判决书等，点出适用要点，展示解决法律问题的实例。

4. **附录实用。**书末收录经提炼的法律流程图、诉讼文书、办案常用数据等内容，帮助提高处理法律纠纷的效率。

5. **附赠电子版。**与本分册主题相关、因篇幅所限而未收录的相关文件、“典型案例指引”所涉及的部分重要案例全文，均制作成电子版文件。扫一扫封底“法规编辑部”即可免费获取。

中国法制出版社

2025年11月

《中华人民共和国国家赔偿法》理解与适用

《国家赔偿法》自1995年1月1日实施以来，国家赔偿制度的建立与实施，对推进国家法治建设进程发挥了重要作用。与此同时，《国家赔偿法》在实施中也遇到了一些问题，主要是：赔偿程序的规定不够具体，对赔偿义务机关约束不够细化，有的机关对应予赔偿的案件故意拖延不予赔偿，当事人的合法权益难以得到保障；有的地方赔偿经费保障不到位，赔偿金支付机制不尽合理；赔偿项目的规定难以适应变化了的情况；此外，刑事赔偿范围的规定也不够明确，实施中存在不同认识。这些问题不同程度地阻碍了赔偿请求人及时有效地获得国家赔偿。为了完善国家赔偿制度，2010年4月29日，第十一届全国人民代表大会常务委员会第十四次会议通过了《关于修改〈中华人民共和国国家赔偿法〉的决定》；2012年10月26日，第十一届全国人民代表大会常务委员会第二十九次会议对其中第十九条第三项引用的《刑事诉讼法》条文作出修改。2010年修改的亮点主要有：

一、对违法归责原则的废除

原《国家赔偿法》确定的赔偿归责原则是违法原则，即只有当国家机关或工作人员违法了，侵害了公民合法权益，才能纳入国家赔偿范围。但在实践中，造成损害的并不一定是因为违法，还有过错等其他原因。实践证明，只提违法，就会使国家赔偿的范围过窄，这在刑事赔偿方面尤其突出，所以这一次修改时将第二条规定的“违法行使职权”改为“国家机关和国家机关工作人员行使职权，有本法规定的侵犯公民、法人和其他组织合法权益的情形，造成损害的，受害人有依照本法取得赔偿的权利。”这就扩大了赔偿的范围。

二、拓宽了国家赔偿的范围

哪些行为该纳入国家赔偿的范围，一直是本次修法的焦点问题。修正后的《国家赔偿法》主要从两个方面完善了国家赔偿的范围：一是完善了国家机关及其工作人员行使职权造成公民身体伤害或者死亡的国家赔偿。原《国家赔偿法》没有明确规定受到虐待等行为造成公民身体伤害或者死亡的情形，国家是否承担赔偿责任。而造成公民身体伤害或者死亡的原因中，因监管人员虐待，或者放纵他人实施殴打、虐待等行为占有相当比例，因此修正后的《国家赔偿法》将虐待、放纵他人殴打、虐待等行为纳入赔偿范围。二是完善了采取刑事拘留、逮捕措施侵犯人身权的国家赔偿。原《国家赔偿法》第十五条第一项和第二项对错误拘留、错误逮捕造成损害的国家赔偿作了规定。但是，在实践中，由于对什么是错误拘留和逮捕，在执行中和理解上存在不同认识，影响了对赔偿请求的处理。本次修改根据刑事拘留和逮捕的不同性质，区别情形作了修改完善，具体请参见第十七条的规定。

三、完善了国家赔偿程序

国家赔偿程序的完善，首先体现在赔偿程序的畅通。例如，取消了刑事赔偿中的确认程序。其次，国家赔偿程序的操作性也更强了。原《国家赔偿法》对行政、刑事赔偿程序仅作了原则性规定，这给赔偿请求人带来了不少麻烦，这种局面将随着《国家赔偿法》的修改而改观，主要表现在：赔偿请求人递交申请书后，赔偿义务机关应当出具加盖本行政机关印章并注明收讫日期的书面凭证；赔偿义务机关作出赔偿决定，应当充分听取赔偿请求人的意见，并可以与赔偿请求人就赔偿方式、赔偿项目、赔偿数额依照本法关于赔偿标准的规定进行协商；人民法院赔偿委员会处理赔偿请求，采取书面审查的办法；人民法院赔偿委员会应当自收到赔偿申请之日起三个月内作出决定。对于疑难、复杂、重大案件，经本院院长批准，可以延长三个月等。

四、提高赔偿标准，明确精神损害赔偿

修正后的《国家赔偿法》提高了国家赔偿的标准。这一修改使公民在受到行政或司法行为侵害的时候能够实际得到一些物质上的赔偿，有助于公民恢复其受到的损失。对于生命健康权的损害，国家赔偿金的计算更加符合社会经济的发展。对财产权的损害赔偿标准也进行了完善，如返还执行的罚款或者罚金、追缴或者没收的金钱，解除冻结的存款或者汇款的，应当支付银行同期存款利息等。

本次修法的亮点之一是明确了精神损害赔偿。修正后的《国家赔偿法》规定，有本法第三条或者第十七条规定情形之一，致人精神损害的，应当在侵权行为影响的范围内，为受害人消除影响、恢复名誉、赔礼道歉；造成严重后果的，应当支付相应的精神损害抚慰金。但同时因为考虑到现实中这类情况非常复杂，法律难以对精神损害的赔偿标准作出统一规定，可由最高人民法院根据审判实践中出现的具体问题，作出具体应用的解释。2021 年 3 月 24 日，《最高人民法院关于审理国家赔偿案件确定精神损害赔偿责任适用法律若干问题的解释》，明确致人精神损害、造成严重后果的认定标准；规定消除影响、恢复名誉或者赔礼道歉责任方式的适用规则；确定分档损害后果、责任承担方式以及抚慰金标准的对应规则；规定精神损害赔偿责任的履行和参照条款。

最后，读者需要特别注意的是，由于《国家赔偿法》修改幅度较大，原有的许多国家赔偿配套规定都不再适用，主要有以下两方面：一是，确认违法程序的取消，导致其他规定中关于确认程序的规定相应失效。二是，修正后的《国家赔偿法》在确定刑事赔偿义务机关时，遵循的一个基本原则是，案件在刑事诉讼过程中的哪一个阶段、哪一个机关最后作出的侵犯受害人合法权益的决定，该机关即为赔偿义务机关。这一原则就导致刑事赔偿义务机关不会再有共同赔偿义务机关的情形出现，也因此而导致《最高人民法院、最高人民检察院关于办理人民法院、人民检察院共同赔偿案件若干问题的解释》不再适用。

目　录

中华人民共和国国家赔偿法

第三章 刑事赔偿

实用附录

电子版增补法规（请扫封底“法规编辑部”二维码获取）

司法行政机关行政赔偿、刑事赔偿办法
（1995 年 9 月 8 日）

典型案例指引

聂树斌再审无罪国家赔偿案（国家赔偿法颁布实施二十五周年典型案例）
赵作海申请河南省商丘市中级人民法院再审无罪国家赔偿案（国家赔偿法颁布实施二十五周年典型案例）
呼格吉勒图再审无罪国家赔偿案（国家赔偿法颁布实施二十五周年典型案例）

中华人民共和国国家赔偿法

（1994 年 5 月 12 日第八届全国人民代表大会常务委员会第七次会议通过　根据 2010 年 4 月 29 日第十一届全国人民代表大会常务委员会第十四次会议《关于修改〈中华人民共和国国家赔偿法〉的决定》第一次修正　根据 2012 年 10 月 26 日第十一届全国人民代表大会常务委员会第二十九次会议《关于修改〈中华人民共和国国家赔偿法〉的决定》第二次修正）

目　　录

第一章 总 则

第一条 立法目的*

为保障公民、法人和其他组织享有依法取得国家赔偿的权利，促进国家机关依法行使职权，根据宪法，制定本法。

▶理解与适用

[立法目的]

本条是关于立法目的的规定。

制定《国家赔偿法》有两个目的：一是保障公民、法人和其他组织享有依法取得国家赔偿的权利，二是促进国家机关依法行使职权。这两个目的之间不是孤立的，而是有着紧密的联系。促进国家机关依法行使职权表面上是对国家机关依法行政的要求，但其实质目的仍是为了保障公民、法人和其他组织的合法权益，因此，可以说《国家赔偿法》制定的最终目的即是保障公民、法人和其他组织的合法权益。

公民、法人和其他组织享有依法取得国家赔偿的权利，这是由宪法赋予的权利。《宪法》第41条第3款规定："由于国家机关和国家工作人员侵犯公民权利而受到损失的人，有依照法律规定取得赔偿的权利。"本法通过界定赔偿范围、明确赔偿请求人资格以及规定赔偿义务机关和赔偿程序等，为公民、法人和其他组织提供了明确地保障其获得国家赔偿的途径，使公民、法人和其他组织依法享有的取得国家赔偿的权利得以实现。

▶条文参见

《宪法》第41条

---

* 条文主旨为编者所加，下同。

第二条 依法赔偿

国家机关和国家机关工作人员行使职权，有本法规定的侵犯公民、法人和其他组织合法权益的情形，造成损害的，受害人有依照本法取得国家赔偿的权利。

本法规定的赔偿义务机关，应当依照本法及时履行赔偿义务。

▶理解与适用

[国家赔偿构成要件]

根据本条的规定，受害人依照本法取得国家赔偿，必须同时具备以下几个条件：

第一，侵权主体必须是国家机关和国家机关工作人员。

第二，侵权行为必须是在行使国家职权中发生的行为。

第三，必须有法定的损害事实发生。

第四，致害行为必须具有违法性或者属于《国家赔偿法》规定的应予赔偿的情形。

第五，损害事实必须是国家机关或国家机关工作人员在行使职权中的行为所造成的。

[国家机关]

国家机关是行使国家职能的各种机关的统称，按其地位和作用，可以分为权力机关、行政机关、监察机关、审判机关、检察机关以及军事机关。需要注意的是，从本法规定的内容来看，国家赔偿并不涉及国家权力机关，原则上也不包括军事机关（行使侦查、检察、审判和监狱管理职权的例外）。因此，本法的侵权主体只涉及一定范围内的国家机关。同时，这也意味着，各政党、人民团体、群众性自治组织以及国有企业、事业单位如果造成他人损害，受害人不能依照本法请求赔偿，而只能根据《民法典》或其他法律向上述各有关单位请求赔偿。应当特别指出的是：如果法律、法规授权某些不是国家机关的组织行使国家职权，则该组织应视为本法上的国家机关，并与国家机关处于同一法律地位；如果国家机关委托某些组织行使国家权力并造成他人损害的，仍然属于本法的调整范围，而不属于《民法典》等调整的范围。

[国家机关工作人员]

国家机关工作人员这一概念，在我国不同的法律规范中有着不同的内容，按照《公务员法》的规定，公务员是指“依法履行公职、纳入国家行政编制、由国家财政负担工资福利的工作人员。”而按照《刑法》的规定，“国家工作人员是指国家机关中从事公务的人员。国有公司、企业、事业单位、人民团体中从事公务的人员和国家机关、国有公司、企业、事业单位委派到非国有公司、企业、事业单位、社会团体从事公务的人员，以及其他依照法律从事公务的人员，以国家工作人员论。”本法中的国家机关工作人员不仅包括在国家机关中担负与该机关拥有的国家职权有直接关系的一定职务的人员，还应包括国家机关为行使职权而委托、聘用的人员。这就是说，并不是所有为国家机关工作的人员（如清洁工）实施侵权行为都依照本法承担赔偿责任；也并不是只有在编的领取国家固定工资的人员实施的侵权行为才有可能依照本法承担赔偿责任，临时委托和聘用的人员在实施受委托的职权时发生侵权也有可能依照本法承担赔偿责任。

▶典型案例指引

任庆海申请通辽铁路运输检察院无罪逮捕国家赔偿案［（国家赔偿法颁布实施二十五周年典型案例）］

案件适用要点： 赔偿请求人被法院判决无罪，获得所在单位足额经济补偿后，申请国家赔偿的，赔偿义务机关仍应给予国家赔偿。国家赔偿与企业补偿性质不同，企业补偿不能代替国家赔偿。

赔偿请求人在已经获得单位经济补偿，且数额超过国家赔偿标准的情况下，是否还可以申请国家赔偿，是本案的争议焦点，类案审理中标准也不统一。本案在国家赔偿工作起步阶段中明确，国家赔偿是国家机关和国家机关工作人员因行使职权侵犯公民、法人和其他组织合法权益造成损害的，依照国家赔偿法对受害人进行的赔偿，与受害人所在单位给予的补偿性质不同，受害人所在单位的补偿不能代替国家赔偿。本案中人民法院作出的赔偿决定，划清了国家赔偿与善后工作的界限，厘清了国家赔偿和工资补发两者的不同性质，对正确适用国家赔偿法，救济赔偿请求人合法权益，实现国家赔偿法的立法宗旨起到了积极作用。

▶**条文参见**

《国家赔偿法》第 3、4、17、18 条

第二章　行 政 赔 偿

第一节　赔 偿 范 围

第三条　侵犯人身权的行政赔偿范围

行政机关及其工作人员在行使行政职权时有下列侵犯人身权情形之一的，受害人有取得赔偿的权利：

（一）违法拘留或者违法采取限制公民人身自由的行政强制措施的；

（二）非法拘禁或者以其他方法非法剥夺公民人身自由的；

（三）以殴打、虐待等行为或者唆使、放纵他人以殴打、虐待等行为造成公民身体伤害或者死亡的；

（四）违法使用武器、警械造成公民身体伤害或者死亡的；

（五）造成公民身体伤害或者死亡的其他违法行为。

▶理解与适用

［违法拘留、行政强制措施］

违法拘留中的拘留指的是行政拘留。行政拘留是公安机关依法对违反行政管理秩序的公民采取的短期剥夺或限制其人身自由的一种行政处罚措施。行政拘留只能由县级以上的公安机关作出决定，其他任何行政机关都没有决定的权力。其他行政执法人员如果遇到需要对行政相对人进行拘留的情况时，必须向公安机关提出申请，由公安机关进行拘留；如果行政执法人员自行采取行政拘留措施，则属于行政越权行为，是违法拘留。

行政强制措施，是指国家行政机关为了维护和实现行政管理秩序，预防和制止社会危害事件与违法行为的发生与存在，依照法律、法规规定，针对特定公民、法人或者其他组织的人身、财产及行为进行临时约束或处置的、限制当事人权利的强制行为。

［非法拘禁或者以其他方法非法剥夺公民人身自由的表现形式］

非法拘禁或者以其他方法非法剥夺公民人身自由，既包括无法定权限的国家机关实施的限制公民人身自由的行为，也包括有限制人身自由权的国家机关以非法律规定的名目或理由限制公民的人身自由的行为。主要有两种情形：

(1) 没有限制公民人身自由的权力的行政机关实施的剥夺公民人身自由的行为，如工商、税务等行政机关采取行政拘留即构成非法拘禁；

(2) 有法定权限的国家机关超过法定期限或者条件关押，如公安机关对犯罪嫌疑人采取强制禁闭、超期羁押、连续传唤等强制措施。

此类行为一旦实施即为既遂，不论时间长短，都构成对公民人身自由权的侵害。

［唆使、放纵］

本条修正后新增了“唆使、放纵”的规定。“唆使、放纵”

是指不是由行政机关及其工作人员直接实施的，而是由他人实施的殴打、虐待等行为，但行政机关及其工作人员有教唆、指使的行为或者负有制止上述行为的义务但放任上述行为发生的情形，对此，国家应当承担赔偿责任。

▶条文参见

《行政处罚法》第81条；《司法行政机关行政赔偿、刑事赔偿办法》第5条；《海关行政赔偿办法》第5条；《民航行政机关行政赔偿办法》第5条

第四条 侵犯财产权的行政赔偿范围

行政机关及其工作人员在行使行政职权时有下列侵犯财产权情形之一的，受害人有取得赔偿的权利：

（一）违法实施罚款、吊销许可证和执照、责令停产停业、没收财物等行政处罚的；

（二）违法对财产采取查封、扣押、冻结等行政强制措施的；

（三）违法征收、征用财产的；

（四）造成财产损害的其他违法行为。

▶理解与适用

本条是关于侵犯财产权的行政赔偿范围的规定。

财产权是以财产为客体的权利，是公民的基本权利之一。《国家赔偿法》上的财产权是指具有直接经济内容的权利，包括物权、债权、知识产权、继承权、经营自主权、物质帮助权等。

［公安机关不履行、拖延履行法定职责如何承担行政赔偿责任］

根据《最高人民法院关于公安机关不履行、拖延履行法定职责如何承担行政赔偿责任问题的答复》（2013年9月22日［2011］行他字第24号）的规定，公安机关不履行或者拖延履

行保护公民、法人或者其他组织人身权、财产权法定职责，致使公民、法人或者其他组织人身、财产遭受损失的，应当承担相应的行政赔偿责任。公民、法人或者其他组织人身、财产损失系第三人行为造成的，应当由第三人承担民事侵权赔偿责任；第三人民事赔偿不足、无力承担赔偿责任或者下落不明的，应当根据公安机关不履行、拖延履行法定职责行为在损害发生过程和结果中所起的作用等因素，判决其承担相应的行政赔偿责任。公安机关承担相应的赔偿责任后，可以向实施侵权行为的第三人追偿。

▶条文参见

《海关行政赔偿办法》第 6 条；《司法行政机关行政赔偿、刑事赔偿办法》第 7 条

第五条 行政侵权中的免责情形

属于下列情形之一的，国家不承担赔偿责任：

（一）行政机关工作人员与行使职权无关的个人行为；

（二）因公民、法人和其他组织自己的行为致使损害发生的；

（三）法律规定的其他情形。

▶理解与适用

[国家不承担赔偿责任的情形]

国家不承担赔偿责任，又称行政赔偿责任的限制或行政赔偿责任的例外，主要包括以下情形：

(1) 行政机关工作人员与行使职权无关的个人行为。行政机关工作人员也是普通公民，当其以普通公民的身份从事活动时，其目的是为了个人利益而非国家利益，其行为不受职业规范约束，由此引发的侵犯他人合法权益的行为是其个人行为，国家不承担赔偿责任。区分个人行为与职权行为的关键在于判断该行为中是否有“职权”的作用因素，一般认为，凡是在行

使职权过程中实施的行为或因行使职权为侵权提供机会的行为都是职权行为。

(2) 因公民、法人和其他组织自己的行为致使损害发生的情形。所谓因公民、法人和其他组织自己的行为造成的损害，是指行政机关工作人员在行使职权过程中，由于相对人自己的行为造成损害的情况。因公民、法人和其他组织自己的行为致使损害发生的情况之所以不能获得国家赔偿，是因为这种损害与行政机关及其工作人员行使职权的行为之间不存在因果关系。实际判断时主要考虑致害原因与损害后果之间的关联程度，如果损害后果是由于行政机关及其工作人员和受害人双方的行为共同造成的，则应该综合考虑行政机关及其工作人员的过错大小，由国家承担相应的赔偿责任。

(3) 法律规定的其他情形。这里的“法律”应当作狭义的理解，即仅指全国人民代表大会及其常务委员会按立法程序制定的规范性文件，不包括法规、规章等。

▶**条文参见**

《行政诉讼法》第 13 条；《海关行政赔偿办法》第 7 条；《司法行政机关行政赔偿、刑事赔偿办法》第 8 条

第二节　赔偿请求人和赔偿义务机关

第六条　行政赔偿请求人

受害的公民、法人和其他组织有权要求赔偿。

受害的公民死亡，其继承人和其他有扶养关系的亲属有权要求赔偿。

受害的法人或者其他组织终止的，其权利承受人有权要求赔偿。

▶**理解与适用**

［行政赔偿请求人］

《国家赔偿法》规定的行政赔偿请求人包括以下三类：

（1）公民。作为行政赔偿请求人包括以下几种情况：①受害的公民本人；②当受害人为无民事行为能力或限制民事行为能力人时，由其监护人或法定代理人代为行使；③受害人的继承人；④与受害人有扶养关系的其他亲属。

（2）法人。法人是具有民事权利能力和民事行为能力，依法独立享有民事权利和承担民事义务的组织。因国家行政机关及其工作人员违法行使职权而受到侵害的法人，在赔偿范围内有权作为行政赔偿请求人提出赔偿请求。如果该法人在取得赔偿前终止，则承受其权利义务的法人作为行政赔偿请求人。

（3）其他组织。其他组织是指不符合法人条件或不具有法人资格的组织。同法人一样，这类组织的合法权益如果受到行政机关及其工作人员违法行使行政职权的侵害，也有权作为行政赔偿请求人提出赔偿请求。如果其在取得赔偿前由于解散或被撤销、取缔等原因而终止，则承受其权利义务的组织作为行政赔偿请求人。

另外，受害的公民死亡，其继承人和其他有扶养关系的人可以提起行政赔偿诉讼，并提供该公民死亡证明、赔偿请求人与死亡公民之间的关系证明。受害的公民死亡，支付受害公民医疗费、丧葬费等合理费用的人可以依法提起行政赔偿诉讼。有权提起行政赔偿诉讼的法人或者其他组织分立、合并、终止，承受其权利的法人或者其他组织可以依法提起行政赔偿诉讼。

▶**条文参见**

《海关行政赔偿办法》第10、11条；《民航行政机关行政赔偿办法》第8、9条；《最高人民法院关于审理行政赔偿案件若干问题的规定》

第七条 行政赔偿义务机关

行政机关及其工作人员行使行政职权侵犯公民、法人和其他组织的合法权益造成损害的，该行政机关为赔偿义务机关。

两个以上行政机关共同行使行政职权时侵犯公民、法人和其他组织的合法权益造成损害的，共同行使行政职权的行政机关为共同赔偿义务机关。

法律、法规授权的组织在行使授予的行政权力时侵犯公民、法人和其他组织的合法权益造成损害的，被授权的组织为赔偿义务机关。

受行政机关委托的组织或者个人在行使受委托的行政权力时侵犯公民、法人和其他组织的合法权益造成损害的，委托的行政机关为赔偿义务机关。

赔偿义务机关被撤销的，继续行使其职权的行政机关为赔偿义务机关；没有继续行使其职权的行政机关的，撤销该赔偿义务机关的行政机关为赔偿义务机关。

▶理解与适用

［行政赔偿义务机关的确定］

由于行政管理活动的复杂性，所以分清谁是行政赔偿义务机关并不是一件简单的事。具体而言，我国的行政赔偿义务机关包括以下五种情形：

(1) 单独赔偿义务机关。即单个行政机关致害时，谁实施侵权行为，谁就是赔偿义务机关。致害主体是行政机关工作人员的，则其所属的行政机关为赔偿义务机关。注意“所属”指职权所属的行政机关，而不一定是该工作人员所隶属的行政机关。

(2) 共同赔偿义务机关。共同赔偿义务机关的规定，避免了赔偿义务机关之间互相推诿，有利于受害人行使赔偿请求权。需要说明的是：两个以上行政机关是指两个以上具有独立主体资格的行政机关，不包括同一行政机关内部的两个以上部门，也不包括同一行政机关内部具有从属关系的两个以上行政机关和组织；并且，共同赔偿义务机关之间承担连带责任，受害人可以向任意一个机关请求赔偿，该机关应当赔偿，赔偿后可以要求其他有连带责任的行政机关承担其应当承担的部分。如果引起行政诉讼，共同赔偿义务机关为共同被告。

（3）授权组织作赔偿义务机关。授权的一个最重要的法律后果是使本不具有行政机关身份的组织也取得了国家公权力主体的地位，在授权范围内，能够以自己的名义行使职权、履行职责，并独立承担相应的法律责任。

（4）委托的行政机关作为赔偿义务机关。实践中，行政机关将部分职权委托给组织或个人行使，委托行政较为普遍。需要注意的是，如果受委托的组织或个人所实施的致害行为与委托的职权无关，则属于个人行为，国家不承担赔偿责任。所谓“无关”，是指受委托的组织或者个人的行为与委托的职权或者公务之间没有任何实质性的联系。凡是接受委托的组织或者个人为了行使委托的职权或者是为了执行委托的公务而实施的行为，都应当由委托的行政机关负责，因为，委托的行政机关对受委托的组织或者个人负有监管的责任。

（5）行政机关被撤销的赔偿义务机关。实践中，行政机关会有被撤销的情况。如果被撤销的行政机关是赔偿义务机关，会出现赔偿义务机关变更的情况。行政机关被撤销，作为法人的行政机关已终止，一般会有其他的机关承受其职权、职责，被撤销的行政机关所应承担的赔偿义务也应由其承受，从而成为新的赔偿义务机关。如果被撤销机关的职权已不存在，便没有继续行使其职权的国家机关，这时一般由作出撤销决定的行政机关承受其职权。继续行使其职权的行政机关或者撤销该赔偿义务机关的行政机关并不是侵犯公民、法人和其他组织合法权益造成损害的机关，法律规定在这种特殊情况下由他们作为赔偿义务机关。

▶条文参见

《行政诉讼法》第26条；《最高人民法院关于审理行政赔偿案件若干问题的规定》；《海关行政赔偿办法》第12－14条

第八条 经过行政复议的赔偿义务机关

经复议机关复议的，最初造成侵权行为的行政机关为赔偿义务机关，但复议机关的复议决定加重损害的，复议机关对加重的部分履行赔偿义务。

▶理解与适用

[行政复议后的赔偿义务机关如何确定]

经行政复议后的赔偿义务机关应按下列办法确定：(1) 复议机关复议决定撤销原行政行为的，最初造成侵权行为的行政机关为赔偿义务机关。(2) 复议机关复议决定维持原行政行为的，最初造成侵权行为的行政机关为赔偿义务机关。(3) 复议机关复议决定变更原行政行为并减轻损害的，最初造成侵权行为的行政机关为赔偿义务机关。(4) 复议机关的复议决定变更原行政行为，并加重受害人损害的，复议机关和最初造成侵权行为的行政机关为共同赔偿义务机关。注意，此时的赔偿义务机关有两个，但复议机关只对加重部分承担义务。

▶条文参见

《行政复议法》；《最高人民法院关于审理行政赔偿案件若干问题的规定》

第三节 赔偿程序

第九条 赔偿请求人要求行政赔偿的途径

赔偿义务机关有本法第三条、第四条规定情形之一的，应当给予赔偿。

赔偿请求人要求赔偿，应当先向赔偿义务机关提出，也可以在申请行政复议或者提起行政诉讼时一并提出。

▶条文参见

《行政复议法》第72条；《最高人民法院关于审理行政赔偿案件若干问题的规定》

第十条 行政赔偿的共同赔偿义务机关

赔偿请求人可以向共同赔偿义务机关中的任何一个赔偿义务机关要求赔偿，该赔偿义务机关应当先予赔偿。

▶理解与适用

共同赔偿义务机关，是指共同行使行政职权时侵犯公民、法人和其他组织的合法权益并造成损害的两个或者两个以上具有独立主体资格的行政机关。

在认定共同赔偿义务机关时，要注意以下两点：一是两个以上行政机关行使职权的行为都是损害发生的原因，即两个以上行政机关的职权行为都与损害之间存在因果关系。二是作为赔偿义务机关的两个以上的行政机关必须是具有独立主体资格的行政机关。同时对行政机关应作广义的理解，即包括所有具备赔偿义务主体资格的赔偿义务机关，如法律法规授权的组织、委托组织或个人行使行政权力的行政机关等。

需要注意的是，还应当区分一个侵权行为和数个侵权行为。如果是几个行政机关因为一个侵权行为造成的损害，属于共同赔偿义务机关。如果是几个行政机关分别由于各自独立的侵权行为造成了几个损害，则不构成共同赔偿义务机关。此时，赔偿请求人应当分别就其受到损害的各个侵权行为，分别向各赔偿义务机关提出赔偿申请。

▶条文参见

《最高人民法院关于审理行政赔偿案件若干问题的规定》；《海关行政赔偿办法》第 33 条

第十一条 根据损害提出数项赔偿要求

赔偿请求人根据受到的不同损害，可以同时提出数项赔偿要求。

第十二条 赔偿请求人递交赔偿申请书

要求赔偿应当递交申请书，申请书应当载明下列事项：

（一）受害人的姓名、性别、年龄、工作单位和住所，法人或者其他组织的名称、住所和法定代表人或者主要负责人的姓名、职务；

（二）具体的要求、事实根据和理由；

（三）申请的年、月、日。

赔偿请求人书写申请书确有困难的，可以委托他人代书；也可以口头申请，由赔偿义务机关记入笔录。

赔偿请求人不是受害人本人的，应当说明与受害人的关系，并提供相应证明。

赔偿请求人当面递交申请书的，赔偿义务机关应当当场出具加盖本行政机关专用印章并注明收讫日期的书面凭证。申请材料不齐全的，赔偿义务机关应当当场或者在五日内一次性告知赔偿请求人需要补正的全部内容。

▶理解与适用

本条是关于递交赔偿申请书的规定。实践中，有的行政机关既不作出赔偿决定，也不受理，导致赔偿请求人的请求无法进入赔偿程序。针对这种情况，2010 年修正《国家赔偿法》时，在本条第 4 款作出专门规定，赔偿请求人当面递交申请书的，赔偿义务机关应当当场出具书面凭证。该书面凭证是赔偿请求人作出赔偿申请的证据，也是计算赔偿义务机关应当作出赔偿决定的期限的依据，以及赔偿请求人进一步向人民法院提起诉讼的依据。

行政赔偿申请应当以书面形式提出。一般情况下，行政赔偿申请书要求赔偿请求人自己书写，但如果赔偿请求人书写行政赔偿申请书确实存在困难的，也可以委托他人代为书写。如果赔偿请求人自己书写有困难，又找不到人代写的，也可以口头申请，由赔偿义务机关记入笔录。

第十三条 行政赔偿义务机关作出赔偿决定

赔偿义务机关应当自收到申请之日起两个月内，作出是否赔偿的决定。赔偿义务机关作出赔偿决定，应当充分听取赔偿请求人的意见，并可以与赔偿请求人就赔偿方式、赔偿项目和赔偿数额依照本法第四章的规定进行协商。

赔偿义务机关决定赔偿的，应当制作赔偿决定书，并自作出决定之日起十日内送达赔偿请求人。

赔偿义务机关决定不予赔偿的，应当自作出决定之日起十日内书面通知赔偿请求人，并说明不予赔偿的理由。

▶理解与适用

本条是关于赔偿义务机关的履行期限的规定。2010 年修正后的《国家赔偿法》，新增了关于与赔偿请求人进行协商、作出赔偿决定的形式以及送达、通知决定的内容。主要是在可操作性方面，进一步完善了行政赔偿义务机关作出赔偿决定的程序，减少行政赔偿义务机关作出赔偿决定的随意性，从而更好地保障赔偿请求人的合法权益。此外，一些行政部门法中虽然也对行政机关做出赔偿决定的程序作出了规定，但是却不尽详细，因此在法条适用过程中，还应当遵守《国家赔偿法》中的相关程序性规定。

▶条文参见

《最高人民法院关于人民法院赔偿委员会审理国家赔偿案件程序的规定》第9－11条；《海关行政赔偿办法》第22条

第十四条 赔偿请求人向法院提起诉讼

赔偿义务机关在规定期限内未作出是否赔偿的决定，赔偿请求人可以自期限届满之日起三个月内，向人民法院提起诉讼。

赔偿请求人对赔偿的方式、项目、数额有异议的，或者赔偿义务机关作出不予赔偿决定的，赔偿请求人可以自赔偿义务机关作出赔偿或者不予赔偿决定之日起三个月内，向人民法院提起诉讼。

▶理解与适用

[单独提起行政赔偿诉讼的起诉期限的起算]

对于单独提起行政赔偿诉讼的起诉期限，根据先行处理的结果不同，3个月起诉期限的起算点也不同。

修正后的《国家赔偿法》针对赔偿义务机关不同处理结果规定了不同的期限起算点：(1) 在规定期限内未作出是否赔偿的决定的，自期限届满之日起3个月内。(2) 在规定期限内作出是否赔偿的决定的，自该赔偿决定作出之日起3个月内。第二种情形又包括两种具体情况：(1) 作出赔偿决定，但赔偿请求人对赔偿的方式、项目、数额有异议的；(2) 作出不予赔偿决定的。

▶条文参见

《最高人民法院关于审理行政赔偿案件若干问题的规定》

第十五条　举证责任

人民法院审理行政赔偿案件，赔偿请求人和赔偿义务机关对自己提出的主张，应当提供证据。

赔偿义务机关采取行政拘留或者限制人身自由的强制措施期间，被限制人身自由的人死亡或者丧失行为能力的，赔偿义务机关的行为与被限制人身自由的人的死亡或者丧失行为能力是否存在因果关系，赔偿义务机关应当提供证据。

▶理解与适用

本条是关于行政赔偿案件举证责任的规定，是《国家赔偿法》修正后新增的内容。本条在我国近些年来行政诉讼举证制度和国家赔偿举证制度探索实践的基础上，确定了两种举证责任的分配方式，即在国家赔偿上以“谁主张、谁举证”为原则，以举证责任倒置为例外。其中，该条规定的举证责任倒置的分配规则只适用于“赔偿义务机关采取行政拘留或者限制人身自由的强制措施期间，被限制人身自由的人死亡或者丧失行为能力的，赔偿义务机关的行为与被限制人身自由的人的死亡或者丧失行为能力是否存在因果关系”这种情况，而在其他举证方面不予适用。

举证责任是指当事人对自己所主张的事实提供证据证明的义务，并在不能提出证据时承担不利法律后果的一种法律责任。对“谁主张、谁举证”的正确理解是，双方当事人应对自己的事实主张承担举证责任，而不是法律主张即诉讼请求。一般而言，作出肯定性主张的一方负有举证责任，作出否定性主张的一方不负有举证责任。

举证责任倒置，是相对于举证责任分配的一般原则而言的。在民事诉讼中，对某些特殊类型的案件，如果仍然按照举证责任分配的一般原则分配举证责任，将有违实体法上基本的公平正义时，则采用相反的方法对举证责任进行分配。

本条第2款之所以将被限制人身自由人死亡或者丧失行为能力与赔偿义务机关之间的职务行为之间的因果关系证明责任分配给赔偿义务机关，是与我国当前看守所及其他羁押场所的管理体制和实际情况相吻合的。被行政拘留或被限制人身自由的人被羁押于特定场所，不能享有人身自由，要严格看管和对其进行必要的审讯，但也要尊重和保障他们应当享有的人权，一旦他们死亡或丧失行为能力，外界并不知道其客观原因，他们自身已没有举证能力，只有监管机构才有可能把事实讲清楚。

▶条文参见

《国家赔偿法》第26条；《最高人民法院关于人民法院赔偿委员会审理国家赔偿案件程序的规定》第12、13条

第十六条 行政追偿

赔偿义务机关赔偿损失后，应当责令有故意或者重大过失的工作人员或者受委托的组织或者个人承担部分或者全部赔偿费用。

对有故意或者重大过失的责任人员，有关机关应当依法给予处分；构成犯罪的，应当依法追究刑事责任。

▶理解与适用

行政追偿，是指国家在向行政赔偿请求人支付赔偿费用后，依法责令具有故意或者重大过失的工作人员、受委托的组织或者个人承担部分或者全部赔偿费用的法律制度。

赔偿义务机关向其工作人员、受委托的组织或者个人行使行政追偿权，应当具备两个条件：

（1）行政赔偿义务机关已经履行了赔偿责任；

（2）工作人员、受委托的组织或者个人对致害行为存在故意或者重大过失。

其中，“故意”是指行政机关工作人员在实施侵权行为时主

观上能认识到自己的行政行为违法并可能造成公民合法权益的损害，希望或放任结果发生的一种心理状态；“重大过失”是指行政机关工作人员没有达到其职务上的一般要求，由于疏忽大意或者过于自信，未能预见或避免一般情况下能够预见或避免的侵害后果的一种心理状态。

▶条文参见

《国家赔偿法》第31条；《海关行政赔偿办法》第51-55条；《民航行政机关行政赔偿办法》第40-44条

第三章　刑事赔偿

第一节　赔偿范围

第十七条　侵犯人身权的刑事赔偿范围

行使侦查、检察、审判职权的机关以及看守所、监狱管理机关及其工作人员在行使职权时有下列侵犯人身权情形之一的，受害人有取得赔偿的权利：

（一）违反刑事诉讼法的规定对公民采取拘留措施的，或者依照刑事诉讼法规定的条件和程序对公民采取拘留措施，但是拘留时间超过刑事诉讼法规定的时限，其后决定撤销案件、不起诉或者判决宣告无罪终止追究刑事责任的；

（二）对公民采取逮捕措施后，决定撤销案件、不起诉或者判决宣告无罪终止追究刑事责任的；

（三）依照审判监督程序再审改判无罪，原判刑罚已经执行的；

（四）刑讯逼供或者以殴打、虐待等行为或者唆使、放纵他人以殴打、虐待等行为造成公民身体伤害或者死亡的；

（五）违法使用武器、警械造成公民身体伤害或者死亡的。

▶理解与适用

［属于国家赔偿法第十七条第一项、第二项规定的终止追究刑事责任的情形］

解除、撤销拘留或者逮捕措施后虽尚未撤销案件、作出不起诉决定或者判决宣告无罪，但是符合下列情形之一的，属于国家赔偿法第十七条第一项、第二项规定的终止追究刑事责任：

（一）办案机关决定对犯罪嫌疑人终止侦查的；

（二）解除、撤销取保候审、监视居住、拘留、逮捕措施后，办案机关超过一年未移送起诉、作出不起诉决定或者撤销案件的；

（三）取保候审、监视居住法定期限届满后，办案机关超过一年未移送起诉、作出不起诉决定或者撤销案件的；

（四）人民检察院撤回起诉超过三十日未作出不起诉决定的；

（五）人民法院决定按撤诉处理后超过三十日，人民检察院未作出不起诉决定的；

（六）人民法院准许刑事自诉案件自诉人撤诉的，或者人民法院决定对刑事自诉案件按撤诉处理的。

▶典型案例指引

1. 郑传振申请福建省南平市中级人民法院再审无罪国家赔偿案（国家赔偿法颁布实施二十五周年典型案例）

案件适用要点：本案是首例由高级人民法院审理并决定赔偿的刑事冤错国家赔偿案件，首次明确了数罪并罚的案件经再审改判部分罪名不成立，监禁期限超出再审判决确定的刑期的，赔偿请求人有权获得相应的国家赔偿。

保障人民群众享有更加充分的权利和自由，是人民司法的最高理想追求。根据1995年1月1日起施行的国家赔偿法规定，依照审判监督程序再审改判无罪，原判刑罚已经执行的，受害人有取得赔偿的权利。但在数罪并罚情形下，经再审改判部分罪名不成立，监禁期限超出再审判决确定刑期的应否赔偿，法律没有明确规定。本案中，人民法院深刻把握国家赔偿法的立法精神，明确了数罪并罚案件再审后，部分罪名不成立但实际羁押时间超过再审改判确定刑期的，赔偿请求人有权获得相应的国家赔偿。这一通过个案审理确定的国家赔偿领域裁判规则，最终被2016年起施行的《最高人民法院、最高人民检察院关于办理刑事赔偿案件适用法律若干问题的解释》（第六条）所吸收，上升为司法解释规范。该案在深层次上推进了公平正义的实现与司法裁判的良规递进，体现出司法对基本人权的现实关怀与制度保障。

2. 王建中申请吉林省高级人民法院再审无罪国家赔偿案（国家赔偿法颁布实施二十五周年典型案例）

案件适用要点：本案是最高人民法院赔偿委员会审理的首例国家赔偿案件。该案的赔偿决定，明确了刑事赔偿案件中侵犯人身自由权、生命健康权的赔偿标准，以及恢复名誉的实施方式。本案的审判实践，体现了人民法院在早期对国家赔偿法立法精神的贯彻实施，对人权的切实保障。

国家赔偿法规定，中级以上人民法院设立赔偿委员会，审理国家赔偿案件。1995年1月，最高人民法院成立了赔偿委员会并设立了赔偿委员会办公室，第一届赔偿委员会主任委员、副主任委员分别由两位副院长兼任，其他委员由本院有关审判庭庭长兼任，负责审理本院受理的国家赔偿案件，指导全国法院国家赔偿审判工作。本案是最高人民法院赔偿委员会成立后审理的首例国家赔偿案件。本案发生在国家赔偿法实施初期，错判羁押时间较长，赔偿金额较大。赔偿义务机关通过在赔偿请求人所在地召开会议、公开宣布赔偿决定、当场给付赔偿金的方式，为赔偿请求人恢复名誉、消除影响，最大可能地帮助请求人回归社会，融入社区。最高人民法院赔偿委员会在依法维持原赔偿决定的同时，明确了刑事赔偿案件中侵犯人身自由权、生命健康权的赔偿标准，以及恢复名誉的实施方式，对于国家赔偿法实施初期全国法院审理此类案件起到了有力的指导作用。

3. 聂树斌再审无罪国家赔偿案（国家赔偿法颁布实施二十五周年典型案例）

案件适用要点：最高人民法院于2016年对聂树斌案再审改判无罪后，聂树斌父母向人民法院提出国家赔偿申请，此案成为全社会关注的热点案件。因错误判决被执行死刑引发的国家赔偿案件，如何正确履行国家责任，合理确定赔偿项目、赔偿数额和赔偿方式，充分维护受害人亲属的合法权益，是国家赔偿案件审理中的重点和难点。

聂树斌再审改判无罪是我国法治建设进程中具有标志意义的重要事件，其后续引发的国家赔偿案件也是衡量我国人权保障能力和保障水平的标志性案件。人民法院与赔偿请求人在死亡赔偿金、丧葬费和侵犯人身自由赔偿金及聂树斌母亲生活费等方面依法定标准达成一致意见的基础上，通过双方协商确定了精神损害抚慰金，体现了国家对此类情况下受害人亲属的诚意，对其相关权利的全力维护和保障。在重大有影响的国家赔偿案件处理过程中，让赔偿请求人充分表达赔偿意愿，通过协商达成一致意见的方式解决纠纷，有利于全面保障受害人及其亲属的合法权益。

▶条文参见

《最高人民法院关于适用〈中华人民共和国国家赔偿法〉若干问题的解释（一）》第7条

第十八条 侵犯财产权的刑事赔偿范围

行使侦查、检察、审判职权的机关以及看守所、监狱管理机关及其工作人员在行使职权时有下列侵犯财产权情形之一的，受害人有取得赔偿的权利：

（一）违法对财产采取查封、扣押、冻结、追缴等措施的；

（二）依照审判监督程序再审改判无罪，原判罚金、没收财产已经执行的。

▶理解与适用

［再审改判无罪，但原判罚金、没收财产已经执行的情形］

刑事赔偿以公民无罪为前提。因此，罚金和没收财产产生国家赔偿责任的前提是：(1) 判处罚金或者没收财产的判决必须生效且已经执行；(2) 生效判决经审判监督程序被撤销，受害人被宣告无罪。

再审改判无罪，说明原判处的罚金或者没收财产错误，如果已经执行，国家应当予以返还。如果因被判处罚金或者没收财产造成受害人财产损失的，也应当由国家承担赔偿责任。若没收的财产已经毁损，如果是种类物，应以相同数量、质量的财产赔偿；如果是特定物，应对其合理估价后以金钱赔偿。

▶典型案例指引

1. 张牧申请国家赔偿案（《最高人民法院公报》2014 年第 6 期）

案件适用要点：夫妻二人共同涉嫌犯罪被刑事追诉，涉案款项被司法机关扣划及嗣后刑罚执行发生在夫妻双方婚姻关系存续期间，且未实际区分双方各自的份额。夫妻二人经人民法院再审改判无罪后，人民法院根据一方提出的申请将涉案款项全部发还，该行为并无不当，亦不影响夫妻双方对该款项作为夫妻共有财产予以处分的实体权益。离婚后，另一方以原发还行为侵犯其个人财产权益为由提出的赔偿请求事项缺乏法律依据，人民法院赔偿委员会不予支持。

2. 卜新光申请刑事违法追缴赔偿案（最高人民法院指导案例第 44 号）

案件适用要点：公安机关根据人民法院生效刑事判决将判令追缴的赃物发还被害单位，并未侵犯赔偿请求人的合法权益，不属于《中华人民共和国国家赔偿法》第十八条第一项规定的情形，不应承担国家赔偿责任。

3. 莫学镕申请国家赔偿案（《最高人民法院公报》2013 年第 12 期）

案件适用要点：在刑事、民事法律关系交织的刑事赔偿案件中，审查公安机关扣押、追缴行为是否合法，一方面应坚持生效刑事、民事裁判事实认定和主文对刑事赔偿案件的羁束力，另一方面应通过对现有证据的综合审查判断，依法准确认定本案在生效刑事、民事法律文书中未有涉及的事实。

4. 马萍申请国家赔偿案（《最高人民法院公报》2014 年第 2 期）

案件适用要点：公安机关依据刑事诉讼法的规定，对犯罪嫌疑人以票据诈骗犯罪所得赃款支付给本案赔偿请求人的高息部分予以追缴并返还被骗银行，其行为并无不当，且已被人民法院生效刑事判决予以确认，故不属于《中华人民共和国国家赔偿法》第十八条第（一）项规定情形。赔偿请求人收取高息的行为具有违法性，不符合最高人民法院《关于审理诈骗案件具体适用法律的若干问题的解释》第十一条规定的善意取得情形。

▶条文参见

《刑事诉讼法》第 141－145、245 条；《最高人民法院关于适用〈中华人民共和国刑事诉讼法〉的解释》第 521－532 条

第十九条 刑事赔偿免责情形

属于下列情形之一的，国家不承担赔偿责任：

（一）因公民自己故意作虚伪供述，或者伪造其他有罪证据被羁押或者被判处刑罚的；

（二）依照刑法第十七条、第十八条规定不负刑事责任的人被羁押的；

（三）依照刑事诉讼法第十五条、第一百七十三条第二款、第二百七十三条第二款、第二百七十九条规定不追究刑事责任的人被羁押的；

（四）行使侦查、检察、审判职权的机关以及看守所、监狱管理机关的工作人员与行使职权无关的个人行为；

（五）因公民自伤、自残等故意行为致使损害发生的；

（六）法律规定的其他情形。

▶典型案例指引

邓永华申请重庆市南川区公安局违法使用武器致伤国家赔偿案（国家赔偿法颁布实施二十五周年典型案例）

案件适用要点：人民警察在执行职务过程中，当生命安全受到威胁时，可以在必要限度内合理使用武器，对赔偿请求人因此受到的损失，依法不予赔偿。本案是入选案例中唯一一件不予国家赔偿的案件。人民警察负有侦查违法犯罪活动、维护社会治安秩序、保障人民生命财产安全等职责，作为其权能体现及实施方式之一的武器使用问题极易引发社会关注。人民警察在与违法犯罪嫌疑人较量博弈的瞬息之间，难以精准确认其武器使用的合法性及适度性，往往不敢使用武器或者使用武器不及时。国家赔偿制度是一个硬币的两面，在平冤理直、扶危济困的同时，又要保护国家机关及其工作人员依法正常履职。人民法院在审理此类国家赔偿案件时，既要注重保障赔偿请求人的合法权益，又要注意维护人民警察的执法权威，对人民警察合法合理使用武器的行为予以支持。本案是构建执法权与公民权平衡发展和良性互动的典型案例，体现了国家赔偿平冤理直与维护公权的双重意义所在。

▶条文参见

《刑法》第13、17、18、37条；《刑事诉讼法》第16条、第177条第2款、第284条第2款、第290条；《监狱法》第14

条第1款；《看守所条例》第4条

第二节 赔偿请求人和赔偿义务机关

第二十条 刑事赔偿请求人

赔偿请求人的确定依照本法第六条的规定。

▶**理解与适用**

［刑事赔偿请求人的范围］

刑事赔偿请求人是指因行使侦查、检察、审判、监狱管理职权的机关及其工作人员在行使职权时违法侵害其人身权和财产权，依照《国家赔偿法》的有关规定有权提起国家赔偿请求的人。依照本法第六条的规定，刑事赔偿请求人的范围包括：(1) 受害的公民、法人和其他组织；(2) 受害的公民死亡，其继承人和其他有扶养关系的亲属有权要求赔偿；(3) 受害的法人或者其他组织终止，承受其权利的法人或者其他组织有权要求赔偿。

第二十一条 刑事赔偿义务机关

行使侦查、检察、审判职权的机关以及看守所、监狱管理机关及其工作人员在行使职权时侵犯公民、法人和其他组织的合法权益造成损害的，该机关为赔偿义务机关。

对公民采取拘留措施，依照本法的规定应当给予国家赔偿的，作出拘留决定的机关为赔偿义务机关。

对公民采取逮捕措施后决定撤销案件、不起诉或者判决宣告无罪的，作出逮捕决定的机关为赔偿义务机关。

再审改判无罪的，作出原生效判决的人民法院为赔偿义务机关。二审改判无罪，以及二审发回重审后作无罪处理的，作出一审有罪判决的人民法院为赔偿义务机关。

第三节　赔偿程序

第二十二条　刑事赔偿的提出和赔偿义务机关先行处理

赔偿义务机关有本法第十七条、第十八条规定情形之一的，应当给予赔偿。

赔偿请求人要求赔偿，应当先向赔偿义务机关提出。

赔偿请求人提出赔偿请求，适用本法第十一条、第十二条的规定。

第二十三条　刑事赔偿义务机关赔偿决定的作出

赔偿义务机关应当自收到申请之日起两个月内，作出是否赔偿的决定。赔偿义务机关作出赔偿决定，应当充分听取赔偿请求人的意见，并可以与赔偿请求人就赔偿方式、赔偿项目和赔偿数额依照本法第四章的规定进行协商。

赔偿义务机关决定赔偿的，应当制作赔偿决定书，并自作出决定之日起十日内送达赔偿请求人。

赔偿义务机关决定不予赔偿的，应当自作出决定之日起十日内书面通知赔偿请求人，并说明不予赔偿的理由。

▶理解与适用

[刑事赔偿程序的阶段]

总体来讲，刑事赔偿程序分为三个阶段：第一阶段为赔偿义务机关先行处理程序。这一程序中，赔偿请求人向赔偿义务机关提出赔偿申请，赔偿义务机关根据申请，决定是否赔偿、赔偿方式和赔偿数额。第二阶段为复议程序。在这一程序中，赔偿请求人对赔偿义务机关不予赔偿的决定不服或者对赔偿决定的具体内容有异议的，可以向赔偿义务机关的上一级机关申请复议。第三阶段为法院赔偿委员会的决定程序。赔偿请求人在不服复议决定或者复议机关逾期不作复议决定时，可向人民法院赔偿委员会申请作出赔偿决定。但当刑事赔偿的义务机关是人民法院时，赔偿程序只有两个部分：赔偿义务机关先行处理程序和法院赔偿委员会的决定程序。即赔偿请求人向负有赔偿义务的人民法院提出赔偿申请，相关人民法院作出决定。赔偿请求人对其决定不服的，无需经复议程序，可直接向其上一级人民法院的赔偿委员会申请作出赔偿决定。

▶条文参见

《国家赔偿法》第 11－12、17－19、39 条

第二十四条 刑事赔偿复议申请的提出

赔偿义务机关在规定期限内未作出是否赔偿的决定，赔偿请求人可以自期限届满之日起三十日内向赔偿义务机关的上一级机关申请复议。

赔偿请求人对赔偿的方式、项目、数额有异议的，或者赔偿义务机关作出不予赔偿决定的，赔偿请求人可以自赔偿义务机关作出赔偿或者不予赔偿决定之日起三十日内，向赔偿义务机关的上一级机关申请复议。

赔偿义务机关是人民法院的，赔偿请求人可以依照本条规定向其上一级人民法院赔偿委员会申请作出赔偿决定。

▶理解与适用

［提起刑事赔偿复议的情形］

根据本条规定，申请复议的情形有三种：

第一，赔偿义务机关逾期未作出决定的。依据本法第 23 条的规定，赔偿义务机关应当自收到赔偿申请之日起两个月内作出是否赔偿的决定，这是法律设定的赔偿义务机关的职责。但是，如果赔偿义务机关拖延履行法定职责的，还应当设定一种监督和制约机制。通过设定赔偿复议制度，为赔偿请求人增加了救济的渠道，有利于保证赔偿请求人的赔偿请求权得到切实

有效的保障。

第二，赔偿义务机关在两个月的处理期限内作出了予以赔偿的决定，但是赔偿请求人对赔偿的方式、项目、数额有异议，可以向赔偿义务机关的上一级机关申请复议。本法关于国家赔偿的主要方式有返还财产、恢复原状、给付赔偿金等。赔偿项目包括限制人身自由赔偿金、财产损害赔偿金、人身损害赔偿金（如医疗费、护理费、康复费、丧葬费、生活自助具费、残疾赔偿金、死亡赔偿金）、精神损害抚慰金等。

第三，赔偿义务机关作出不予赔偿决定，赔偿请求人可以向其上一级机关申请复议。申请复议的时效，本条规定为30日，目的是为了督促赔偿请求人及时行使权利。

▶条文参见

《国家赔偿法》第12、22条

第二十五条 刑事赔偿复议的处理和对复议决定的救济

复议机关应当自收到申请之日起两个月内作出决定。

赔偿请求人不服复议决定的，可以在收到复议决定之日起三十日内向复议机关所在地的同级人民法院赔偿委员会申请作出赔偿决定；复议机关逾期不作决定的，赔偿请求人可以自期限届满之日起三十日内向复议机关所在地的同级人民法院赔偿委员会申请作出赔偿决定。

▶理解与适用

刑事赔偿的复议程序只适用于行使侦查、检察、监狱管理职权的机关作为赔偿义务机关的情形，而不适用于法院作为赔偿义务机关的情形。法院作为赔偿义务机关的，赔偿请求人在经过先行程序后，可以直接向其上一级人民法院赔偿委员会申请作出赔偿决定。

▶典型案例指引

程显民、程宇、曹世艳、杨桂兰申请辽宁省丹东市公安局刑讯逼供致死国家赔偿案〔辽宁省高级人民法院赔偿委员会(2010)辽法委赔字第6号国家赔偿决定书〕

案件适用要点：复议机关受理案件后，逾期不作决定，亦未告知赔偿请求人有向复议机关所在地的同级人民法院赔偿委员会申请作出赔偿决定的权利，以致赔偿请求人逾期申请赔偿。因复议机关怠于行使法定职责，故不能因其过错而剥夺赔偿请求人的请求权。该院赔偿委员会在保护赔偿请求人享有请求权利的基础上，组织赔偿义务机关与赔偿请求人达成协议，支付相应赔偿金，体现了充分救济权利的精神。

第二十六条 举证责任分配

人民法院赔偿委员会处理赔偿请求，赔偿请求人和赔偿义务机关对自己提出的主张，应当提供证据。

被羁押人在羁押期间死亡或者丧失行为能力的，赔偿义务机关的行为与被羁押人的死亡或者丧失行为能力是否存在因果关系，赔偿义务机关应当提供证据。

▶理解与适用

按照修正后的《国家赔偿法》的规定，在刑事赔偿中举证责任分配有两种情况。第一是谁主张、谁举证，即赔偿委员会处理赔偿请求，赔偿请求人和赔偿义务机关对自己提出的主张，应当提供证据。第二是举证责任倒置，即被羁押人在羁押期间死亡或者丧失行为能力的，赔偿义务机关的行为与被羁押人的死亡或者丧失行为能力是否存在因果关系，赔偿义务机关应当提供证据。

[申请人提出刑事赔偿请求时，应当提交的主要证据]

申请人提交的证据在一定程度上决定了其是否符合刑事赔偿的条件以及赔偿标准等重要问题，因此，在提出刑事赔偿请求时，应当包括以下主要证据：

（1）人身自由受到侵犯的，应提交释放证明、不起诉决定、无罪判决或者再审无罪判决等法律文书；

（2）造成受害人死亡的，应提交受害人死亡证明书或者其他载明死亡原因、时间、年龄情况等的证明书，死亡人在死亡前的职业和工资收入状况，死亡人生前抚养人的姓名、年龄，因死亡而花费的丧葬费用收据等；

（3）因人身伤害请求赔偿的，应提交证明伤害程度、性质的医院证明书，医疗费收据以及其他因此受损的证明；

（4）因财产受损害而请求赔偿的，应提交证明财产损失的证据、修理费收据或者重新购置收据等。

▶典型案例指引

叶寿美申请江苏省南通监狱虐待致伤国家赔偿案〔江苏省高级人民法院赔偿委员会（2011）苏法委赔字第0002号国家赔偿决定书〕

案件适用要点：《国家赔偿法》规定，被羁押人在羁押期间死亡或者丧失行为能力的，赔偿义务机关的行为与被羁押人的死亡或者丧失行为能力是否存在因果关系，赔偿义务机关应当提供证据。本案即属于适用举证责任倒置的情况。江苏省高级人民法院赔偿委员会审理认为，监狱作为刑罚执行机关，对罪犯依法进行监管的同时也负有保障其人格尊严、人身安全等职责，根据《国家赔偿法》的规定精神，监狱对其行为与被羁押人一级视力残疾之间是否存在因果关系负有举证责任。本案最终通过审查南通监狱对此事实的举证责任完成情况，认定赔偿请求人双眼残疾与监狱行为无关。

▶条文参见

《行政诉讼法》第33条；《最高人民法院关于人民法院赔偿委员会审理国家赔偿案件程序的规定》第12、13条；《最高人民法院关于审理行政赔偿案件若干问题的规定》

第二十七条 赔偿委员会办理案件程序

人民法院赔偿委员会处理赔偿请求，采取书面审查的办法。必要时，可以向有关单位和人员调查情况、收集证据。赔偿请求人与赔偿义务机关对损害事实及因果关系有争议的，赔偿委员会可以听取赔偿请求人和赔偿义务机关的陈述和申辩，并可以进行质证。

▶理解与适用

［质证的顺序］

质证一般按照下列顺序进行：

（一）赔偿请求人、赔偿义务机关分别陈述，复议机关进行说明；

（二）审判员归纳争议焦点；

（三）赔偿请求人、赔偿义务机关分别出示证据，发表意见；

（四）询问参加质证的证人、鉴定人、勘验人；

（五）赔偿请求人、赔偿义务机关就争议的事项进行质询和辩论；

（六）审判员宣布赔偿请求人、赔偿义务机关认识一致的事实和证据；

（七）赔偿请求人、赔偿义务机关最后陈述意见。

▶条文参见

《最高人民法院关于人民法院赔偿委员会适用质证程序审理国家赔偿案件的规定》

▶典型案例指引

1. 许秀琴申请吉林省长春市公安局刑事违法扣押国家赔偿案〔吉林省高级人民法院赔偿委员会（2006）吉高法委赔字第1号国家赔偿决定书〕

案件适用要点：修正前的《国家赔偿法》没有关于协商和

质证的规定。司法实践中，人民法院赔偿委员通过协商和质证方式处理了大量赔偿争议，收到了良好的效果。修正的《国家赔偿法》吸收了上述成功经验，规定赔偿请求人和赔偿义务机关就赔偿方式、赔偿项目和赔偿数额依法进行协商，人民法院赔偿委员会可以组织双方进行质证。协商和质证体现了国家赔偿程序的公开性、参与性和公正性，有利于查明事实，确定责任，消除对立，化解矛盾。本案在损害事实难以查清、认定的情况下，吉林省高级人民法院赔偿委员会通过积极组织双方质证和协商，最终促成双方达成一致，纠纷得以实质解决。

2. 郭孝先等人因郭建华死亡申请湖南省郴州监狱国家赔偿案（国家赔偿法颁布实施二十五周年典型案例）

案件适用要点：审理司法赔偿案件直播公开质证，是国家赔偿审判实践发展和司法公开的必然要求。对于案件事实和因果关系争议较大、不涉及国家秘密和个人隐私的疑难复杂案件，适用质证程序公开直播审理，既有利于查清事实，又能有效化解矛盾纠纷，实现国家赔偿审判的功能作用。本案是首例在“中国庭审公开网”公开直播质证过程的国家赔偿案件。

公平正义不但要实现，而且要以人民群众可以看得见的方式来实现。2010 年修正的国家赔偿法第二十七条规定，人民法院赔偿委员会处理赔偿请求采取书面审查方式，对损害事实及因果关系有争议的可以质证。近年来，随着司法公开不断深入和网络科技发展，庭审直播成为人民法院公开审理案件的主要形式和司法公开的新趋势。本案于 2015 年 9 月 10 日首次在“中国庭审公开网”公开直播质证过程，开创了人民法院通过直播公开质证审理司法赔偿案件的先例，对于推进通过直播公开质证审理国家赔偿案件，起到了示范和引领作用。

第二十八条 赔偿委员会办理案件期限

人民法院赔偿委员会应当自收到赔偿申请之日起三个月内作出决定；属于疑难、复杂、重大案件的，经本院院长批准，可以延长三个月。

第二十九条 赔偿委员会的组成

中级以上的人民法院设立赔偿委员会，由人民法院三名以上审判员组成，组成人员的人数应当为单数。

赔偿委员会作赔偿决定，实行少数服从多数的原则。

赔偿委员会作出的赔偿决定，是发生法律效力的决定，必须执行。

第三十条 赔偿委员会重新审查程序

赔偿请求人或者赔偿义务机关对赔偿委员会作出的决定，认为确有错误的，可以向上一级人民法院赔偿委员会提出申诉。

赔偿委员会作出的赔偿决定生效后，如发现赔偿决定违反本法规定的，经本院院长决定或者上级人民法院指令，赔偿委员会应当在两个月内重新审查并依法作出决定，上一级人民法院赔偿委员会也可以直接审查并作出决定。

最高人民检察院对各级人民法院赔偿委员会作出的决定，上级人民检察院对下级人民法院赔偿委员会作出的决定，发现违反本法规定的，应当向同级人民法院赔偿委员会提出意见，同级人民法院赔偿委员会应当在两个月内重新审查并依法作出决定。

第三十一条 刑事赔偿的追偿

赔偿义务机关赔偿后，应当向有下列情形之一的工作人员追偿部分或者全部赔偿费用：

（一）有本法第十七条第四项、第五项规定情形的；

（二）在处理案件中有贪污受贿，徇私舞弊，枉法裁判行为的。

对有前款规定情形的责任人员，有关机关应当依法给予处分；构成犯罪的，应当依法追究刑事责任。

▶理解与适用

刑事赔偿中的追偿，是指赔偿义务机关在代表国家承担刑事赔偿责任后，再向因故意或者重大过失侵害公民、法人或者其他组织合法权益的人员要求偿还国家已经赔偿的一部或者全部赔偿金的制度。与行政追偿相比，刑事追偿的范围要窄得多，其对象仅限于行使侦查、检察、审判、监狱管理职权的国家机关的工作人员，且追偿的范围仅限于上述三种情形。

根据《国家赔偿费用管理条例》的规定，赔偿义务机关应当依照本条的规定，责令有关工作人员、受委托的组织或者个人承担或者向有关工作人员追偿部分或者全部国家赔偿费用。赔偿义务机关依照上述规定作出决定后，应当书面通知有关财政部门。有关工作人员、受委托的组织或者个人应当依照财政收入收缴的规定上缴应当承担或者被追偿的国家赔偿费用。

行政处分是一种行政责任，通常是由赔偿义务机关对其内部人员作出，方式包括：警告、记过、记大过、降级、撤职、开除等。

▶条文参见

《国家赔偿费用管理条例》第 12 条

第四章　赔偿方式和计算标准

第三十二条　赔偿方式

国家赔偿以支付赔偿金为主要方式。

能够返还财产或者恢复原状的，予以返还财产或者恢复原状。

▶理解与适用

国家赔偿的方式，是指国家承担赔偿责任的各种形式。根据本条规定，国家赔偿是以金钱赔偿为主要方式，以返还财产、恢复原状为补充方式，即在大部分情形下，应当通过支付货币的方式进行赔偿，只有在返还财产、恢复原状为可能和适当之时，才可以返还财产、恢复原状的方式赔偿。

[采用返还财产方式进行国家赔偿需具备的条件]

返还财产是指赔偿义务机关将违法取得的财产返还受害人的赔偿方式，一般是指返还原物，也包括种类物，只适用于财产权受到损害时的赔偿，一般需要满足以下几个条件：

(1) 原物仍然存在，具有返还的可能性；

(2) 采用返还财产方式比采用金钱赔偿方式更快捷；

(3) 返还财物不影响公务的正常执行。

[采用恢复原状的赔偿方式需具备的条件]

恢复原状是指赔偿义务机关对受害人的财产进行修复，使之恢复到受损害前的形状、性能和状态的赔偿方式。此种方式的适用不以受害人提出请求为前提，只要赔偿义务机关认为必要即可适用，一般需满足以下条件：

(1) 受损害的财产或者其他合法权益能够恢复；

(2) 采用恢复原状的方式比采用金钱赔偿方式更快捷；

(3) 恢复原状不会妨碍公务，也不会损害公共利益。

第三十三条 人身自由的国家赔偿标准

侵犯公民人身自由的，每日赔偿金按照国家上年度职工日平均工资计算。

▶理解与适用

根据《最高人民法院关于人民法院赔偿委员会依照〈中华人民共和国国家赔偿法〉第三十条规定纠正原生效的赔偿委员会决定应如何适用人身自由赔偿标准问题的批复》（2014 年 6 月 30 日 法释〔2014〕7 号），人民法院赔偿委员会依照《中华人民共和国国家赔偿法》第三十条规定纠正原生效的赔偿委员会决定时，原决定的错误系漏算部分侵犯人身自由天数的，应在维持原决定支付的人身自由赔偿金的同时，就漏算天数按照重新审查或者直接审查后作出决定时的上年度国家职工日平均工资标准计算相应的人身自由赔偿金；原决定的错误系未支持人身自由赔偿请求的，按照重新审查或者直接审查后作出决定时的上年度国家职工日平均工资标准计算人身自由赔偿金。

▶条文参见

《海关行政赔偿办法》第 43 条

第三十四条 生命健康权的国家赔偿标准

侵犯公民生命健康权的，赔偿金按照下列规定计算：

（一）造成身体伤害的，应当支付医疗费、护理费，以及赔偿因误工减少的收入。减少的收入每日的赔偿金按照国家上年度职工日平均工资计算，最高额为国家上年度职工年平均工资的五倍；

（二）造成部分或者全部丧失劳动能力的，应当支付医疗费、护理费、残疾生活辅助具费、康复费等因残疾而增加的必要支出和继续治疗所必需的费用，以及残疾赔偿金。

残疾赔偿金根据丧失劳动能力的程度，按照国家规定的伤残等级确定，最高不超过国家上年度职工年平均工资的二十倍。造成全部丧失劳动能力的，对其扶养的无劳动能力的人，还应当支付生活费；

（三）造成死亡的，应当支付死亡赔偿金、丧葬费，总额为国家上年度职工年平均工资的二十倍。对死者生前扶养的无劳动能力的人，还应当支付生活费。

前款第二项、第三项规定的生活费的发放标准，参照当地最低生活保障标准执行。被扶养的人是未成年人的，生活费给付至十八周岁止；其他无劳动能力的人，生活费给付至死亡时止。

▶理解与适用

［致伤的国家赔偿标准］

理解致伤的国家赔偿标准需注意：（1）身体伤害是指通过医疗后能够复原的一般伤害。（2）“医疗费”是指受害人为恢复健康进行医学治疗所花的费用，包括挂号费、检查费、诊疗费、治疗费、手术费、药费、住院费、营养费、交通费以及其他必须的医疗费。前六项费用应以诊断证明和医药费单据为凭证，并须系治疗侵害人的侵害行为所致伤害的药费。住院费（住宿费）是指为了医疗目的而住院或住旅馆所花的费用，应根据实际需要确定。营养费是指必要的食疗、复原身体所需的费用，不包括受害人自行大补的费用。交通费是指受害人去医院诊治所花费的乘坐交通工具的费用，可根据具体需要确定或以车票为凭证。护理费是指受害人生活不能自理时，由医院提供特殊护理服务或由病人及其家属聘请的专人护理所用的费用（如家属护理的误工工资等），注意是否需要专人护理，应由医院决定。（3）因误工减少的收入，是指受害人因受伤导致不能参加工作而失去的收入。误工日一般以治疗医院开具的休假日数为准，没有休假证明而自行休息的误工日不应计入。因误工减少收入的计算标准按国家上年度职工年平均工资计算，最高额为国家上年度职工年平均工资的5倍。

［致残的国家赔偿标准］

理解致残的国家赔偿标准需注意：（1）致残程度必需达到“造成部分或者全部丧失劳动能力”的情况，才能按本标准进行赔偿。（2）残疾赔偿金，实际上是伤残者因为身体残疾导致的收入丧失，原则上包括因伤残所失去的收入和解决致残后的生活不便而增加的费用。（3）注意区分全部丧失劳动能力和部分丧失劳动能力。原《国家赔偿法》规定部分丧失劳动能力的，最高额为国家上年度职工年平均工资的10倍；全部丧失劳动能力的，最高额为国家上年度职工年平均工资的20倍。《国家赔偿法》修正后规定为：残疾赔偿金根据丧失劳动能力的程度，按照国家规定的伤残等级确定，最高不超过国家上年度职工年平均工资的20倍。这主要是考虑伤残等级共分为十级，四级伤残以上的，受害人要退出劳动岗位，所受的损失往往超过平均工资的10倍，限定10倍，缺乏科学依据。（4）全部丧失劳动能力的，对其扶养的无劳动能力的人，还应当支付生活费。生活费的发放标准参照当地政府部门公布的最低生活保障标准执行。被扶养的人是未成年人的，生活费给付至18周岁止，其他无劳动能力的人，生活费给付至死亡时止。

［致死的国家赔偿标准］

理解致死的国家赔偿标准需注意：（1）死亡赔偿金和丧葬费是一个固定的数额，即国家上年度职工年平均工资的20倍，但受害人死亡前花费的医疗费，不应包括在内。（2）死者生前扶养的无劳动能力的人的生活费的支付，与全部丧失劳动能力的标准相同。（3）受害人所扶养的人应是有法定义务应由其扶养的人。（4）有劳动能力的具有扶养关系的人不得请求支付生活费。（5）要注意支付生活费的终止时间，未成年人到18周岁为止，其他无劳动能力的被扶养人是至死亡时为止。（6）生活费的发放标准是参照当地最低生活保障标准执行。

▶条文参见

《最高人民法院关于审理人身损害赔偿案件适用法律若干问题的解释》

第三十五条 精神损害的国家赔偿标准

有本法第三条或者第十七条规定情形之一，致人精神损害的，应当在侵权行为影响的范围内，为受害人消除影响，恢复名誉，赔礼道歉；造成严重后果的，应当支付相应的精神损害抚慰金。

▶理解与适用

［精神损害赔偿的适用原则］

根据《最高人民法院关于审理国家赔偿案件确定精神损害赔偿责任适用法律若干问题的解释》，遵循了以下原则：一是依法赔偿。《解释》严格依照现行国家赔偿法的规定，既没有扩大也没有缩小精神损害赔偿的适用范围，既没有增加也没有减少其适用条件，力求权利保护的法律红利得到充分释放的同时，恪守法律的底线和红线。

二是规范裁量。《解释》在归纳法官综合考量因素，如精神受损状况，侵权行为的目的和方式，侵权人员过错程度等因素之外，还结合国家赔偿审判经验，首次以列举的形式对“造成严重后果”等客观情形加以规范，以期更好地指导法官准确认定精神损害赔偿责任。

三是合理衡平。《解释》在坚持同等情况同等对待的同时，兼顾了同一侵权行为所致精神损害的个体差异情况。按照《解释》第九条规定，在确定具体赔偿数额时，应当统筹兼顾社会整体发展水平，参考精神受到损害以及造成严重后果的情况、侵权行为的具体情节、侵权机关及其工作人员的违法过错程度、受害人的职业和影响范围等诸多因素，力求精神损害赔偿责任的认定更为合理衡平。

[造成严重后果]

有下列情形之一的，可以认定为国家赔偿法第三十五条规定的“造成严重后果”：

（一）无罪或者终止追究刑事责任的人被羁押六个月以上；

（二）受害人经鉴定为轻伤以上或者残疾；

（三）受害人经诊断、鉴定为精神障碍或者精神残疾，且与侵权行为存在关联；

（四）受害人名誉、荣誉、家庭、职业、教育等方面遭受严重损害，且与侵权行为存在关联。

受害人无罪被羁押十年以上；受害人死亡；受害人经鉴定为重伤或者残疾一至四级，且生活不能自理；受害人经诊断、鉴定为严重精神障碍或者精神残疾一至二级，生活不能自理，且与侵权行为存在关联的，可以认定为后果特别严重。

[“精神损害抚慰金”的具体数额的合理确定]

精神损害抚慰金的具体数额，应当在兼顾社会发展整体水平的同时，参考下列因素合理确定：

（一）精神受到损害以及造成严重后果的情况；

（二）侵权行为的目的、手段、方式等具体情节；

（三）侵权机关及其工作人员的违法、过错程度、原因力比例；

（四）原错判罪名、刑罚轻重、羁押时间；

（五）受害人的职业、影响范围；

（六）纠错的事由以及过程；

（七）其他应当考虑的因素。

▶典型案例指引

1. 赵作海申请河南省商丘市中级人民法院再审无罪国家赔偿案（国家赔偿法颁布实施二十五周年典型案例）

案件适用要点：刑事案件再审改判无罪，原判刑罚实际执行并长期羁押的，应认定为致受害人精神损害并造成严重后果，赔偿义务机关应当赔偿精神损害抚慰金。本案可以认定是国家赔偿领域“精神损害赔偿第一案”。

国家赔偿中设立精神损害赔偿制度，体现的既是立法对公民人格价值的尊重与保护，也是国家责任的法律归位与担当。2010年修正的国家赔偿法，将精神损害赔偿纳入国家赔偿范围，第三十五条规定“有本法第三条或者第十七条规定情形之一，致人精神损害的，应当在侵权行为范围内，为受害人消除影响，恢复名誉，赔礼道歉；造成严重后果的，应当支付相应的精神损害抚慰金”，这是加强人权保障的重大进步。赵作海案再审改判无罪时，恰逢2010年修正的国家赔偿法颁布后、实施前的时间节点，鉴于新法已经明确规定了精神损害抚慰金赔偿内容，本案在依法给予无罪羁押赔偿金的基础上，参照修正后的国家赔偿法规定，考虑到赵作海被长期羁押，应视为致其精神损害且后果严重，通过协商以另行支付生活困难补助费的方式弥补其精神损害，及时回应了社会各界对国家赔偿中精神损害抚慰金的广泛关切，取得良好社会效果，具有重要的标杆意义。

2. 朱红蔚申请广东省人民检察院无罪逮捕国家赔偿案（国家赔偿法颁布实施二十五周年典型案例）

案件适用要点：2010年修正的国家赔偿法规定了精神损害抚慰金制度，本案是首例由最高人民法院决定支付精神损害抚慰金的国家赔偿案件。赔偿决定明确了支付精神损害抚慰金的数额应当结合侵权行为的手段、场合、方式等具体情节，根据侵权行为造成的影响、后果，以及当地居民平均生活水平等因素合理确定。

最高人民法院赔偿决定认为，朱红蔚于2011年3月15日向广东省人民检察院提出赔偿请求，本案应适用修正后的国家赔偿法。朱红蔚被宣告无罪后，广东省人民检察院已决定向朱红蔚以口头方式赔礼道歉，并为其恢复生产提供方便，从而在侵权行为范围内为朱红蔚消除影响、恢复名誉，该项决定应予维持。朱红蔚被羁押875天，正常的家庭生活和公司经营因此受到影响，应认定精神损害后果严重。对朱红蔚主张的精神损害抚慰金，根据自2005年朱红蔚被羁押以来其公司不能正常经营、女儿患病，以及广东省赔偿精神损害抚慰金的参考标准，结合赔偿协商协调情况以及当地平均生活水平等情况，确定为50000元。

3. 呼格吉勒图再审无罪国家赔偿案（国家赔偿法颁布实施二十五周年典型案例）

案件适用要点：原死刑判决已执行，经再审改判无罪，死亡受害人的继承人有权获得国家赔偿。赔偿项目应当包括死亡赔偿金、生前被羁押期间的限制人身自由赔偿金和精神损害抚慰金。精神损害抚慰金应在死亡赔偿金和限制人身自由赔偿金总额的范围内，采取合理标准确定；被害人父母生活费根据其现实生活状况依法酌定。

呼格吉勒图案的再审改判和国家赔偿，在国内外均产生重大影响。受害人死亡的此类国家赔偿案件，在赔偿项目、赔偿标准等问题上，法律规定尚不明晰，亦无经验可资借鉴。人民法院本着充分保护赔偿请求人合法权益的国家赔偿审判理念，认真研判法律难题，合理确定赔偿项目和赔偿标准。赔偿项目包括了死亡赔偿金、生前被羁押期间的限制人身自由赔偿金，以及在死亡赔偿金和限制人身自由赔偿金总额范围内采取合理标准确定的精神损害抚慰金。在确定精神损害抚慰金的标准时，充分考虑侵害受害人生命权以及由此给其父母造成的巨大精神痛苦等因素。生命权无价，国家赔偿虽然不能挽回已经失去的生命，但一定要给受害人亲属一定程度上的精神慰藉。此案的处理，让受害人亲属充分感受到国家对重大刑事冤错案件有错必纠的决心和国家赔偿司法的温暖，取得了较好的政治效果、法律效果和社会效果。本案是落实党的十八届四中全会《决定》“实现公民权利保障法治化”的具体体现，从处理理念、办理程序、法律适用等方面均具有典型示范意义。

▶条文参见

《最高人民法院关于确定民事侵权精神损害赔偿责任若干问题的解释》

第三十六条 财产权的国家赔偿标准

侵犯公民、法人和其他组织的财产权造成损害的，按照下列规定处理：

（一）处罚款、罚金、追缴、没收财产或者违法征收、征用财产的，返还财产；

（二）查封、扣押、冻结财产的，解除对财产的查封、扣押、冻结，造成财产损坏或者灭失的，依照本条第三项、第四项的规定赔偿；

（三）应当返还的财产损坏的，能够恢复原状的恢复原状，不能恢复原状的，按照损害程度给付相应的赔偿金；

（四）应当返还的财产灭失的，给付相应的赔偿金；

（五）财产已经拍卖或者变卖的，给付拍卖或者变卖所得的价款；变卖的价款明显低于财产价值的，应当支付相应的赔偿金；

（六）吊销许可证和执照、责令停产停业的，赔偿停产停业期间必要的经常性费用开支；

（七）返还执行的罚款或者罚金、追缴或者没收的金钱，解除冻结的存款或者汇款的，应当支付银行同期存款利息；

（八）对财产权造成其他损害的，按照直接损失给予赔偿。

▶典型案例指引

1. 菲利浦海运公司申请广东省揭阳市公安局刑事违法扣押国家赔偿案（国家赔偿法颁布实施二十五周年典型案例）

案件适用要点：公安机关以涉嫌走私为由扣押外籍货船上所载的货物，十六年后撤销刑事侦查案件，对于赔偿请求人财产损失的认定，应当基于违法扣押行为造成的直接损失。被扣押财产无法恢复原状、返还原物的，应当给付相应的赔偿金。

案系涉外刑事赔偿案件。扣押行为发生在广东沿海地区走私猖獗的上个世纪90年代，公安机关以涉嫌走私为由扣押外籍公司货船上的货物，十六年后才撤销刑事案件，造成外籍公司财产损失，侵害了该公司的财产权，应给予赔偿。对金钱损失，根据《最高人民法院、最高人民检察院关于办理刑事赔偿案件适用法律若干问题的解释》的相关规定，应支付相应利息；对财产损失，根据国家赔偿法第三十六条第三项的规定，不能恢复原状的，以直接损失为标准，按照损害程度给付相应的赔偿金。另外，具有涉外因素的国家赔偿案件审理，应坚持司法对等保护原则，正视本国公安机关侵犯外籍公司财产权的违法事实，平等对待中外主体，适用我国法律保护外籍公司的合法财产权益。通过依法赔偿，提高了外籍主体对我国司法机关公正司法的信心，对发展中外经济交流，营造良好的法治化营商环境具有积极意义。

2. 沈阳北鹏房地产开发有限公司申请辽宁省公安厅刑事违法扣押国家赔偿案（国家赔偿法颁布实施二十五周年典型案例）

案件适用要点：本案是最高人民法院赔偿委员会受理并决定赔偿的首例涉及财产权益的刑事违法扣押赔偿案。国家赔偿法没有规定违法扣押金钱应否计息及如何计息，但鉴于刑事扣押与追缴存在密切关系，故从平衡各方利益、完善裁判规则的角度考虑，参照有关违法追缴的计息规定予以计息，并将计息标准进一步细化。

本案是公正、高效、阳光、便民司法的典范，通过公开质证，敲响了本部大法官到巡回法庭办案的“第一槌”，通过听取意见、证据交换、开庭质证、分步协商、远程视频决议、电子签章等，有效促成了协议达成和当庭宣布决定、当日完成送达。本案中隐含的对违法扣押金钱的赔偿应予计息并细化的计息标准的规则，被《最高人民法院、最高人民检察院关于办理刑事赔偿案件适用法律若干问题的解释》所吸收，推动了该解释的顺利出台。（第二十条第一款规定“返还执行的罚款或者罚金、追缴或者没收的金钱，解除冻结的汇款的，应当支付银行同期存款利息，利率参照赔偿义务机关作出赔偿决定时中国人民银行公布的人民币整存整取定期存款一年期基准利率确定，不计算复利。）本案的顺利审结，也彰显了人民法院充分发挥审判职能作用，通过国家赔偿审判保护企业产权和企业家合法权益的职责担当。

3. 绿宝鑫啤酒花有限责任公司申请甘肃省酒泉市中级人民法院违法查封国家赔偿案（国家赔偿法颁布实施二十五周年典型案例）

案件适用要点：人民法院在民事诉讼中查封易变质商品后，因怠于履行法定职责、处置不当致使被查封物价值贬损的，应当依法予以赔偿。

国家赔偿法是一部权利救济法，其重要职能之一就是在人民群众合法权益受到公权力违法侵害时为其提供救济。本案中，被保全人多次申请解封并提供房产作为担保，但赔偿义务机关违反法律规定，对应予解封的不宜长期保存的财产未予解封，又未依法及时处理或变卖查封财产，导致查封财产变质毁损，造成赔偿请求人财产损失，赔偿义务机关应当予以赔偿。人民法院根据国家赔偿法的立法精神，将赔偿义务机关怠于履行法定职责的不作为情形界定为违法行使职权，由此造成权利人损害的，赔偿义务机关应予赔偿，体现了国家赔偿审判对权利人财产权利的充分保护。

第三十七条 国家赔偿费用

赔偿费用列入各级财政预算。

赔偿请求人凭生效的判决书、复议决定书、赔偿决定书或者调解书，向赔偿义务机关申请支付赔偿金。

赔偿义务机关应当自收到支付赔偿金申请之日起七日内，依照预算管理权限向有关的财政部门提出支付申请。财政部门应当自收到支付申请之日起十五日内支付赔偿金。

赔偿费用预算与支付管理的具体办法由国务院规定。

▶理解与适用

根据《国家赔偿费用管理条例》的规定，国家赔偿费用由各级人民政府按照财政管理体制分级负担。各级人民政府应当根据实际情况，安排一定数额的国家赔偿费用，列入本级年度财政预算。当年需要支付的国家赔偿费用超过本级年度财政预算安排的，应当按照规定及时安排资金。

赔偿请求人申请支付国家赔偿费用的，应当向赔偿义务机关提出书面申请，并提交与申请有关的生效判决书、复议决定书、赔偿决定书或者调解书以及赔偿请求人的身份证明。赔偿请求人书写申请书确有困难的，可以委托他人代书；也可以口头申请，由赔偿义务机关如实记录，交赔偿请求人核对或者向赔偿请求人宣读，并由赔偿请求人签字确认。申请材料真实、有效、完整的，赔偿义务机关收到申请材料即为受理。赔偿义务机关受理申请的，应当书面通知赔偿请求人。申请材料不完整的，赔偿义务机关应当当场或者在3个工作日内一次告知赔偿请求人需要补正的全部材料。赔偿请求人按照赔偿义务机关的要求提交补正材料的，赔偿义务机关收到补正材料即为受理。未告知需要补正材料的，赔偿义务机关收到申请材料即为受理。申请材料虚假、无效，赔偿义务机关决定不予受理的，应当书面通知赔偿请求人并说明理由。

赔偿义务机关应当自受理赔偿请求人支付申请之日起7日内，依照预算管理权限向有关财政部门提出书面支付申请，并提交下列材料：(1) 赔偿请求人请求支付国家赔偿费用的申请；(2) 生效的判决书、复议决定书、赔偿决定书或者调解书；(3) 赔偿请求人的身份证明。

赔偿请求人对赔偿义务机关不予受理决定有异议的，可以自收到书面通知之日起10日内向赔偿义务机关的上一级机关申请复核。上一级机关应当自收到复核申请之日起5个工作日内依法作出决定。上一级机关认为不予受理决定错误的，应当自作出复核决定之日起3个工作日内通知赔偿义务机关受理，并告知赔偿请求人。赔偿义务机关应当在收到通知后立即受理。上一级机关维持不予受理决定的，应当自作出复核决定之日起3个工作日内书面通知赔偿请求人并说明理由。

第五章　其他规定

第三十八条　民事、行政诉讼中的司法赔偿

人民法院在民事诉讼、行政诉讼过程中，违法采取对妨害诉讼的强制措施、保全措施或者对判决、裁定及其他生效法律文书执行错误，造成损害的，赔偿请求人要求赔偿的程序，适用本法刑事赔偿程序的规定。

▶理解与适用

[限制出境是否属于国家赔偿范围]

根据《最高人民法院关于限制出境是否属于国家赔偿范围的复函》(2013年6月4日 [2013] 赔他字第1号) 的规定，人民法院在民事诉讼过程中违法采取限制出境措施的，属于国家赔偿范围。对于因违法采取限制出境措施造成当事人财产权的直接损失，可以给予赔偿。

▶典型案例指引

1. 国泰君安证券股份有限公司海口滨海大道（天福酒店）证券营业部申请错误执行赔偿案（最高人民法院指导案例43号）

案件适用要点：（1）赔偿请求人以人民法院具有《中华人民共和国国家赔偿法》第三十八条规定的违法侵权情形为由申请国家赔偿的，人民法院应就赔偿请求人诉称的司法行为是否违法，以及是否应当承担国家赔偿责任一并予以审查。（2）人民法院审理执行异议案件，因原执行行为所依据的当事人执行和解协议侵犯案外人合法权益，对原执行行为裁定予以撤销，并将被执行财产回复至执行之前状态的，该撤销裁定及执行回转行为不属于《中华人民共和国国家赔偿法》第三十八条规定的执行错误。

2. 秦德义、李宁静等人申请湖南省衡南县人民法院错误执行国家赔偿案（国家赔偿法颁布实施二十五周年典型案例）

案件适用要点：本案是国家赔偿法颁布实施后，赔偿请求人较早依据国家赔偿法向人民法院申请国家赔偿的案例，也是全国首例人民法院赔偿委员会审理的因错误执行而予以赔偿的国家赔偿案。

法者，国之权衡，时之准绳也。1994年5月12日，第八届全国人民代表大会常务委员会第七次会议通过国家赔偿法，1995年1月1日实施，标志着国家赔偿在立法层面上升为国家意志，为今后国家赔偿审判工作的开展提供了规范遵循。我国国家赔偿制度的建立与实施，在国家的法治化进程中发挥了积极作用。国家赔偿法实施以来，司法机关依法处理了一批国家赔偿案件，一批当事人依法获得了国家赔偿。本案是国家赔偿法实施后，目前能够确认的人民法院受理的首例申请人依据国家赔偿法请求国家赔偿，人民法院依据国家赔偿法审理且作出赔偿决定的国家赔偿案件。案件的审理与决定尽管今天看来稍显粗糙，但案件中所隐含的对人民法院执行程序中错误扣押行为的认定、造成实际损失应予赔偿的规则，体现了国家赔偿法保障受害人依法享有国家赔偿权利、促进国家机关依法行使职权的立法宗旨和制度价值。

第三十九条 国家赔偿请求时效

赔偿请求人请求国家赔偿的时效为两年，自其知道或者应当知道国家机关及其工作人员行使职权时的行为侵犯其人身权、财产权之日起计算，但被羁押等限制人身自由期间不计算在内。在申请行政复议或者提起行政诉讼时一并提出赔偿请求的，适用行政复议法、行政诉讼法有关时效的规定。

赔偿请求人在赔偿请求时效的最后六个月内，因不可抗力或者其他障碍不能行使请求权的，时效中止。从中止时效的原因消除之日起，赔偿请求时效期间继续计算。

第四十条 对等原则

外国人、外国企业和组织在中华人民共和国领域内要求中华人民共和国国家赔偿的，适用本法。

外国人、外国企业和组织的所属国对中华人民共和国公民、法人和其他组织要求该国国家赔偿的权利不予保护或者限制的，中华人民共和国与该外国人、外国企业和组织的所属国实行对等原则。

第六章　附　　则

第四十一条 不得收费和征税

赔偿请求人要求国家赔偿的，赔偿义务机关、复议机关和人民法院不得向赔偿请求人收取任何费用。

对赔偿请求人取得的赔偿金不予征税。

第四十二条 施行时间

本法自 1995 年 1 月 1 日起施行。

▶典型案例指引

麦良申请国家赔偿案（《最高人民法院公报》2014 年第 1 期）

案件适用要点：赔偿申请的受理在《中华人民共和国国家赔偿法》修正前，而赔偿决定的作出在该法修正之后，其法律适用应根据《中华人民共和国立法法》予以确定。立法法第八十四条规定：法律不溯及既往，但为了更好地保护公民、法人和其他组织的权利和利益而作的特别规定除外。修正后的《国家赔偿法》对赔偿请求人的权益保护力度更大。最高人民法院关于适用国家赔偿法的司法解释亦明确规定，2010 年 12 月 1 日前受理赔偿请求至 12 月 1 日尚未作出生效赔偿决定的，适用修正的《国家赔偿法》。因此，这类情形应适用修正后的《国家赔偿法》。

国家赔偿费用管理条例

（2010年12月29日国务院第138次常务会议通过　2011年1月17日中华人民共和国国务院令第589号公布　自公布之日起施行）

第一条　为了加强国家赔偿费用管理，保障公民、法人和其他组织享有依法取得国家赔偿的权利，促进国家机关依法行使职权，根据《中华人民共和国国家赔偿法》（以下简称国家赔偿法），制定本条例。

第二条　本条例所称国家赔偿费用，是指依照国家赔偿法的规定，应当向赔偿请求人赔偿的费用。

第三条　国家赔偿费用由各级人民政府按照财政管理体制分级负担。

各级人民政府应当根据实际情况，安排一定数额的国家赔偿费用，列入本级年度财政预算。当年需要支付的国家赔偿费用超过本级年度财政预算安排的，应当按照规定及时安排资金。

第四条　国家赔偿费用由各级人民政府财政部门统一管理。

国家赔偿费用的管理应当依法接受监督。

第五条　赔偿请求人申请支付国家赔偿费用的，应当向赔偿义务机关提出书面申请，并提交与申请有关的生效判决书、复议决定书、赔偿决定书或者调解书以及赔偿请求人的身份证明。

赔偿请求人书写申请书确有困难的，可以委托他人代书；也可以口头申请，由赔偿义务机关如实记录，交赔偿请求人核对或者向赔偿请求人宣读，并由赔偿请求人签字确认。

第六条　申请材料真实、有效、完整的，赔偿义务机关收到申请材料即为受理。赔偿义务机关受理申请的，应当书面通知赔偿请求人。

申请材料不完整的，赔偿义务机关应当当场或者在3个工作日内一次告知赔偿请求人需要补正的全部材料。赔偿请求人按照赔偿义务机关的要求提交补正材料的，赔偿义务机关收到补正材料即为受理。未告知需要补正材料的，赔偿义务机关收到申请材料即为受理。

申请材料虚假、无效，赔偿义务机关决定不予受理的，应当书面通知赔偿请求人并说明理由。

第七条　赔偿请求人对赔偿义务机关不予受理决定有异议的，可以自收到书面通知之日起10日内向赔偿义务机关的上一级机关申请复核。上一级机关应当自收到复核申请之日起5个工作日内依法作出决定。

上一级机关认为不予受理决定错误的，应当自作出复核决定之日起3个工作日内通知赔偿义务机关受理，并告知赔偿请求人。赔偿义务机关应当在收到通知后立即受理。

上一级机关维持不予受理决定的，应当自作出复核决定之日起3个工作日内书面通知赔偿请求人并说明理由。

第八条 赔偿义务机关应当自受理赔偿请求人支付申请之日起7日内，依照预算管理权限向有关财政部门提出书面支付申请，并提交下列材料：

（一）赔偿请求人请求支付国家赔偿费用的申请；

（二）生效的判决书、复议决定书、赔偿决定书或者调解书；

（三）赔偿请求人的身份证明。

第九条 财政部门收到赔偿义务机关申请材料后，应当根据下列情况分别作出处理：

（一）申请的国家赔偿费用依照预算管理权限不属于本财政部门支付的，应当在3个工作日内退回申请材料并书面通知赔偿义务机关向有管理权限的财政部门申请；

（二）申请材料符合要求的，收到申请即为受理，并书面通知赔偿义务机关；

（三）申请材料不符合要求的，应当在3个工作日内一次告知赔偿义务机关需要补正的全部材料。赔偿义务机关应当在5个工作日内按照要求提交全部补正材料，财政部门收到补正材料即为受理。

第十条 财政部门应当自受理申请之日起15日内，按照预算和财政国库管理的有关规定支付国家赔偿费用。

财政部门发现赔偿项目、计算标准违反国家赔偿法规定的，应当提交作出赔偿决定的机关或者其上级机关依法处理、追究有关人员的责任。

第十一条 财政部门自支付国家赔偿费用之日起3个工作日内告知赔偿义务机关、赔偿请求人。

第十二条 赔偿义务机关应当依照国家赔偿法第十六条、第三十一条的规定，责令有关工作人员、受委托的组织或者个人承担或者向有关工作人员追偿部分或者全部国家赔偿费用。

赔偿义务机关依照前款规定作出决定后，应当书面通知有关财政部门。

有关工作人员、受委托的组织或者个人应当依照财政收入收缴的规定上缴应当承担或者被追偿的国家赔偿费用。

第十三条 赔偿义务机关、财政部门及其工作人员有下列行为之一，根据《财政违法行为处罚处分条例》的规定处理、处分；构成犯罪的，依法追究刑事责任：

（一）以虚报、冒领等手段骗取国家赔偿费用的；

（二）违反国家赔偿法规定的范围和计算标准实施国家赔偿造成财政资金损失的；

（三）不依法支付国家赔偿费用的；

（四）截留、滞留、挪用、侵占国家赔偿费用的；

（五）未依照规定责令有关工作人员、受委托的组织或者个人承担国家赔偿费用或者向有关工作人员追偿国家赔偿费用的；

（六）未依照规定将应当承担或者被追偿的国家赔偿费用及时上缴财政的。

第十四条 本条例自公布之日起施行。1995 年 1 月 25 日国务院发布的《国家赔偿费用管理办法》同时废止。

最高人民法院关于国家赔偿监督程序若干问题的规定

（2017 年 2 月 27 日最高人民法院审判委员会第 1711 次会议审议通过 2017 年 4 月 20 日最高人民法院公告公布 自 2017 年 5 月 1 日起施行 法释〔2017〕9 号）

为了保障赔偿请求人和赔偿义务机关的申诉权，规范国家赔偿监督程序，根据《中华人民共和国国家赔偿法》及有关法律规定，结合国家赔偿工作实际，制定本规定。

第一条 依照国家赔偿法第三十条的规定，有下列情形之一的，适用本规定予以处理：

（一）赔偿请求人或者赔偿义务机关认为赔偿委员会生效决定确有错误，向上一级人民法院赔偿委员会提出申诉的；

（二）赔偿委员会生效决定违反国家赔偿法规定，经本院院长决定或者上级人民法院指令重新审理，以及上级人民法院决定直接审理的；

（三）最高人民检察院对各级人民法院赔偿委员会生效决定，上级人民检察院对下级人民法院赔偿委员会生效决定，发现违反国家赔偿法规定，向同级人民法院赔偿委员会提出重新审查意见的。

行政赔偿案件的审判监督依照行政诉讼法的相关规定执行。

第二条 赔偿请求人或者赔偿义务机关对赔偿委员会生效决定，认为确有错误的，可以向上一级人民法院赔偿委员会提出申诉。申诉审查期间，不停止生效决定的执行。

第三条 赔偿委员会决定生效后，赔偿请求人死亡或者其主体资格终止的，其权利义务承继者可以依法提出申诉。

赔偿请求人死亡，依法享有继承权的同一顺序继承人有数人时，其中一人或者部分人申诉的，申诉效力及于全体；但是申请撤回申诉或者放弃赔偿请求的，效力不及于未明确表示撤回申诉或者放弃赔偿请求的其他继承人。

赔偿义务机关被撤销或者职权变更的，继续行使其职权的机关可以依法提出申诉。

第四条 赔偿请求人、法定代理人可以委托一至二人作为代理人代为申诉。申诉代理人的范围包括：

（一）律师、基层法律服务工作者；

（二）赔偿请求人的近亲属或者工作人员；

（三）赔偿请求人所在社区、单位以及有关社会团体推荐的公民。

赔偿义务机关可以委托本机关工作人员、法律顾问、律师一至二人代为申诉。

第五条 赔偿请求人或者赔偿义务机关申诉，应当提交以下材料：

（一）申诉状。申诉状应当写明申诉人和被申诉人的基本信息，申诉的法定事由，以及具体的请求、事实和理由；书写申诉状确有困难的，可以口头申诉，由人民法院记入笔录。

（二）身份证明及授权文书。赔偿请求人申诉的，自然人应当提交身份证明，法人或者其他组织应当提交营业执照、组织机构代码证书、法定代表人或者主要负责人身份证明；赔偿义务机关申诉的，应当提交法定代表人或者主要负责人身份证明；委托他人申诉的，应当提交授权委托书和代理人身份证明。

（三）法律文书。即赔偿义务机关、复议机关及赔偿委员会作出的决定书等法律文书。

（四）其他相关材料。以有新的证据证明原决定认定的事实确有错误为由提出申诉的，应当同时提交相关证据材料。

申诉材料不符合前款规定的，人民法院应当一次性告知申诉人需要补正的全部内容及补正期限。补正期限一般为十五日，最长不超过一个月。申诉人对必要材料拒绝补正或者未能在规定期限内补正的，不予审查。收到申诉材料的时间自人民法院收到补正后的材料之日起计算。

第六条 申诉符合下列条件的，人民法院应当在收到申诉材料之日起七日内予以立案：

（一）申诉人具备本规定的主体资格；

（二）受理申诉的人民法院是作出生效决定的人民法院的上一级人民法院；

（三）提交的材料符合本规定第五条的要求。

申诉不符合上述规定的，人民法院不予受理并应当及时告知申诉人。

第七条 赔偿请求人或者赔偿义务机关申诉，有下列情形之一的，人民法院不予受理：

（一）赔偿委员会驳回申诉后，申诉人再次提出申诉的；

（二）赔偿请求人对作为赔偿义务机关的人民法院作出的决定不服，未在法定期限内向其上一级人民法院赔偿委员会申请作出赔偿决定，在赔偿义务机关的决定发生法律效力后直接向人民法院赔偿委员会提出申诉的；

（三）赔偿请求人、赔偿义务机关对最高人民法院赔偿委员会作出的决定不服提出申诉的；

（四）赔偿请求人对行使侦查、检察职权的机关以及看守所主管机关、监狱管理机关作出的决定，未在法定期限内向其上一级机关申请复议，或者申请复议后复议机关逾期未作出决定或者复议机关已作出复议决定，但赔偿请求人未在法定期限内向复议机关所在地的同级人民法院赔偿委员会申请作出赔偿决定，在赔偿义务机关、复议机关的相关决定生效后直接向人民法院赔偿委员会申诉的。

第八条 赔偿委员会对于立案受理的申诉案件，应当着重围绕申诉人的申诉事由进行审查。必要时，应当对原决定认定的事实、证据和适用法律进行全面审查。

第九条 赔偿委员会审查申诉案件采取书面审查的方式，根据需要可以听取申诉人和被申诉人的陈述和申辩。

第十条 赔偿委员会审查申诉案件，一般应当在三个月内作出处理，至迟不得超过六个月。有特殊情况需要延长的，由本院院长批准。

第十一条 有下列情形之一的，应当决定重新审理：

（一）有新的证据，足以推翻原决定的；

（二）原决定认定的基本事实缺乏证据证明的；

（三）原决定认定事实的主要证据是伪造的；

（四）原决定适用法律确有错误的；

（五）原决定遗漏赔偿请求，且确实违反国家赔偿法规定的；

（六）据以作出原决定的法律文书被撤销或者变更的；

（七）审判人员在审理该案时有贪污受贿、徇私舞弊、枉法裁判行为的；

（八）原审理程序违反法律规定，可能影响公正审理的。

第十二条 申诉人在申诉阶段提供新的证据，应当说明逾期提供的理由。

申诉人提供的新的证据，能够证明原决定认定的基本事实或者处理结果错误的，应当认定为本规定第十一条第一项规定的情形。

第十三条 赔偿委员会经审查，对申诉人的申诉按照下列情形分别处理：

（一）申诉人主张的重新审理事由成立，且符合国家赔偿法和本规定的申诉条件的，决定重新审理。重新审理包括上级人民法院赔偿委员会直接审理或者指令原审人民法院赔偿委员会重新审理。

（二）申诉人主张的重新审理事由不成立，或者不符合国家赔偿法和本规定的申诉条件的，书面驳回申诉。

（三）原决定不予受理或者驳回赔偿申请错误的，撤销原决定，指令原审人民法院赔偿委员会依法审理。

第十四条 人民法院院长发现本院赔偿委员会生效决定违反国家赔偿法规定，认为需要重新审理的，应当提交审判委员会讨论决定。

最高人民法院对各级人民法院赔偿委员会生效决定，上级人民法院对下级人民法院赔偿委员会生效决定，发现违反国家赔偿法规定的，有权决定直接审理或者指令下级人民法院赔偿委员会重新审理。

第十五条 最高人民检察院对各级人民法院赔偿委员会生效决定，上级人民检察院对下级人民法院赔偿委员会生效决定，向同级人民法院赔偿委员会提出重新审查意见的，同级人民法院赔偿委员会应当决定直接审理，并将决定书送达提出意见的人民检察院。

第十六条 赔偿委员会重新审理案件，适用国家赔偿法和相关司法解释关于赔偿委员会审理程序的规定；本规定依据国家赔偿法和相关法律对重新审理程序有特别规定的，适用本规定。

原审人民法院赔偿委员会重新审理案件，应当另行指定审判人员。

第十七条 决定重新审理的案件，可以根据案件情形中止原决定的执行。

第十八条 赔偿委员会重新审理案件，采取书面审理的方式，必要时可以向有关单位和人员调查情况、收集证据，听取申诉人、被申诉人或者赔偿请求人、赔偿义务机关的陈述和申辩。有本规定第十一条第一项、第三项情形，或者赔偿委员会认为确有必要的，可以组织申诉人、被申诉人或者赔偿请求人、赔偿义务机关公开质证。

对于人民检察院提出意见的案件，赔偿委员会组织质证时应当通知提出意见的人民检察院派员出席。

第十九条 赔偿委员会重新审理案件，应当对原决定认定的事实、证据和适用法律进行全面审理。

第二十条 赔偿委员会重新审理的案件，应当在两个月内依法作出决定。

第二十一条 案件经重新审理后，应当根据下列情形分别处理：

（一）原决定认定事实清楚、适用法律正确的，应当维持原决定；

（二）原决定认定事实、适用法律虽有瑕疵，但决定结果正确的，应当在决定中纠正瑕疵后予以维持；

（三）原决定认定事实、适用法律错误，导致决定结果错误的，应当撤销、变更、重新作出决定；

（四）原决定违反国家赔偿法规定，对不符合案件受理条件的赔偿申请进行实体处理的，应当撤销原决定，驳回赔偿申请；

（五）申诉人、被申诉人或者赔偿请求人、赔偿义务机关经协商达成协议的，赔偿委员会依法审查并确认后，应当撤销原决定，根据协议作出新决定。

第二十二条 赔偿委员会重新审理后作出的决定，应当及时送达申诉人、被申诉人或者赔偿请求人、赔偿义务机关和提出意见的人民检察院。

第二十三条 在申诉审查或者重新审理期间，有下列情形之一的，赔偿委员会应当决定中止审查或者审理：

（一）申诉人、被申诉人或者原赔偿请求人、原赔偿义务机关死亡或者终止，尚未确定权利义务承继者的；

（二）申诉人、被申诉人或者赔偿请求人丧失行为能力，尚未确定法定代理人的；

（三）宣告无罪的案件，人民法院决定再审或者人民检察院按照审判监督程序提出抗诉的；

（四）申诉人、被申诉人或者赔偿请求人、赔偿义务机关因不可抗拒的事由，在法定审限内不能参加案件处理的；

（五）其他应当中止的情形。

中止的原因消除后，赔偿委员会应当及时恢复审查或者审理，并通知申诉人、被申诉人或者赔偿请求人、赔偿义务机关和提出意见的人民检察院。

第二十四条 在申诉审查期间，有下列情形之一的，赔偿委员会应当决定终结审查：

（一）申诉人死亡或者终止，无权利义务承继者或者权利义务承继者声明放弃申诉的；

（二）据以申请赔偿的撤销案件决定、不起诉决定或者无罪判决被撤销的；

（三）其他应当终结的情形。

在重新审理期间，有上述情形或者人民检察院撤回意见的，赔偿委员会应当决定终结审理。

第二十五条 申诉人在申诉审查或者重新审理期间申请撤回申诉的，赔偿委员会应当依法审查并作出是否准许的决定。

赔偿委员会准许撤回申诉后，申诉人又重复申诉的，不予受理，但有本规定第十一条第一项、第三项、第六项、第七项规定情形，自知道或者应当知道该情形之日起六个月内提出的除外。

第二十六条 赔偿请求人在重新审理期间申请撤回赔偿申请的，赔偿委员会应当依法审查并作出是否准许的决定。准许撤回赔偿申请的，应当一并撤销原决定。

赔偿委员会准许撤回赔偿申请的决定送达后，赔偿请求人又重复申请国家赔偿的，不予受理。

第二十七条 本规定自2017年5月1日起施行。最高人民法院以前发布的司法解释和规范性文件，与本规定不一致的，以本规定为准。

最高人民法院、最高人民检察院关于办理刑事赔偿案件适用法律若干问题的解释

（2015年12月14日最高人民法院审判委员会第1671次会议、2015年12月21日最高人民检察院第十二届检察委员会第46次会议通过 2015年12月28日最高人民法院、最高人民检察院公告公布 自2016年1月1日起施行 法释〔2015〕24号）

根据国家赔偿法以及有关法律的规定，结合刑事赔偿工作实际，对办理刑事赔偿案件适用法律的若干问题解释如下：

第一条 赔偿请求人因行使侦查、检察、审判职权的机关以及看守所、监狱管理机关及其工作人员行使职权的行为侵犯其人身权、财产权而申请国家赔偿，具备国家赔偿法第十七条、第十八条规定情形的，属于本解释规定的刑事赔偿范围。

第二条 解除、撤销拘留或者逮捕措施后虽尚未撤销案件、作出不起诉决定或者判决宣告无罪，但是符合下列情形之一的，属于国家赔偿法第十七条第一项、第二项规定的终止追究刑事责任：

（一）办案机关决定对犯罪嫌疑人终止侦查的；

（二）解除、撤销取保候审、监视居住、拘留、逮捕措施后，办案机关

超过一年未移送起诉、作出不起诉决定或者撤销案件的；

（三）取保候审、监视居住法定期限届满后，办案机关超过一年未移送起诉、作出不起诉决定或者撤销案件的；

（四）人民检察院撤回起诉超过三十日未作出不起诉决定的；

（五）人民法院决定按撤诉处理后超过三十日，人民检察院未作出不起诉决定的；

（六）人民法院准许刑事自诉案件自诉人撤诉的，或者人民法院决定对刑事自诉案件按撤诉处理的。

赔偿义务机关有证据证明尚未终止追究刑事责任，且经人民法院赔偿委员会审查属实的，应当决定驳回赔偿请求人的赔偿申请。

第三条 对财产采取查封、扣押、冻结、追缴等措施后，有下列情形之一，且办案机关未依法解除查封、扣押、冻结等措施或者返还财产的，属于国家赔偿法第十八条规定的侵犯财产权：

（一）赔偿请求人有证据证明财产与尚未终结的刑事案件无关，经审查属实的；

（二）终止侦查、撤销案件、不起诉、判决宣告无罪终止追究刑事责任的；

（三）采取取保候审、监视居住、拘留或者逮捕措施，在解除、撤销强制措施或者强制措施法定期限届满后超过一年未移送起诉、作出不起诉决定或者撤销案件的；

（四）未采取取保候审、监视居住、拘留或者逮捕措施，立案后超过两年未移送起诉、作出不起诉决定或者撤销案件的；

（五）人民检察院撤回起诉超过三十日未作出不起诉决定的；

（六）人民法院决定按撤诉处理后超过三十日，人民检察院未作出不起诉决定的；

（七）对生效裁决没有处理的财产或者对该财产违法进行其他处理的。

有前款第三项至六项规定情形之一，赔偿义务机关有证据证明尚未终止追究刑事责任，且经人民法院赔偿委员会审查属实的，应当决定驳回赔偿请求人的赔偿申请。

第四条 赔偿义务机关作出赔偿决定，应当依法告知赔偿请求人有权在三十日内向赔偿义务机关的上一级机关申请复议。赔偿义务机关未依法告知，赔偿请求人收到赔偿决定之日起两年内提出复议申请的，复议机关应当受理。

人民法院赔偿委员会处理赔偿申请，适用前款规定。

第五条 对公民采取刑事拘留措施后终止追究刑事责任，具有下列情形之一的，属于国家赔偿法第十七条第一项规定的违法刑事拘留：

（一）违反刑事诉讼法规定的条件采取拘留措施的；

（二）违反刑事诉讼法规定的程序采取拘留措施的；

（三）依照刑事诉讼法规定的条件和程序对公民采取拘留措施，但是拘留时间超过刑事诉讼法规定的时限。

违法刑事拘留的人身自由赔偿金自拘留之日起计算。

第六条 数罪并罚的案件经再审改判部分罪名不成立，监禁期限超出再审判决确定的刑期，公民对超期监禁申请国家赔偿的，应当决定予以赔偿。

第七条 根据国家赔偿法第十九条第二项、第三项的规定，依照刑法第十七条、第十八条规定不负刑事责任的人和依照刑事诉讼法第十五条、第一百七十三条第二款规定不追究刑事责任的人被羁押，国家不承担赔偿责任。但是，对起诉后经人民法院错判拘役、有期徒刑、无期徒刑并已执行的，人民法院应当对该判决确定后继续监禁期间侵犯公民人身自由权的情形予以赔偿。

第八条 赔偿义务机关主张依据国家赔偿法第十九条第一项、第五项规定的情形免除赔偿责任的，应当就该免责事由的成立承担举证责任。

第九条 受害的公民死亡，其继承人和其他有扶养关系的亲属有权申请国家赔偿。

依法享有继承权的同一顺序继承人有数人时，其中一人或者部分人作为赔偿请求人申请国家赔偿的，申请效力及于全体。

赔偿请求人为数人时，其中一人或者部分赔偿请求人非经全体同意，申请撤回或者放弃赔偿请求，效力不及于未明确表示撤回申请或者放弃赔偿请求的其他赔偿请求人。

第十条 看守所及其工作人员在行使职权时侵犯公民合法权益造成损害的，看守所的主管机关为赔偿义务机关。

第十一条 对公民采取拘留措施后又采取逮捕措施，国家承担赔偿责任的，作出逮捕决定的机关为赔偿义务机关。

第十二条 一审判决有罪，二审发回重审后具有下列情形之一的，属于国家赔偿法第二十一条第四款规定的重审无罪赔偿，作出一审有罪判决的人民法院为赔偿义务机关：

（一）原审人民法院改判无罪并已发生法律效力的；

（二）重审期间人民检察院作出不起诉决定的；

（三）人民检察院在重审期间撤回起诉超过三十日或者人民法院决定按撤诉处理超过三十日未作出不起诉决定的。

依照审判监督程序再审后作无罪处理的，作出原生效判决的人民法院为赔偿义务机关。

第十三条 医疗费赔偿根据医疗机构出具的医药费、治疗费、住院费等收款凭证，结合病历和诊断证明等相关证据确定。赔偿义务机关对治疗的必要性和合理性提出异议的，应当承担举证责任。

第十四条 护理费赔偿参照当地护工从事同等级别护理的劳务报酬标准计算，原则上按照一名护理人员的标准计算护理费；但医疗机构或者司法鉴定人有明确意见的，可以参照确定护理人数并赔偿相应的护理费。

护理期限应当计算至公民恢复生活自理能力时止。公民因残疾不能恢复生活自理能力的，可以根据其年龄、健康状况等因素确定合理的护理期限，一般不超过二十年。

第十五条 残疾生活辅助器具费赔偿按照普通适用器具的合理费用标准计算。伤情有特殊需要的，可以参照辅助器具配制机构的意见确定。

辅助器具的更换周期和赔偿期限参照配制机构的意见确定。

第十六条 误工减少收入的赔偿根据受害公民的误工时间和国家上年度职工日平均工资确定，最高为国家上年度职工年平均工资的五倍。

误工时间根据公民接受治疗的医疗机构出具的证明确定。公民因伤致残持续误工的，误工时间可以计算至作为赔偿依据的伤残等级鉴定确定前一日。

第十七条 造成公民身体伤残的赔偿，应当根据司法鉴定人的伤残等级鉴定确定公民丧失劳动能力的程度，并参照以下标准确定残疾赔偿金：

（一）按照国家规定的伤残等级确定公民为一级至四级伤残的，视为全部丧失劳动能力，残疾赔偿金幅度为国家上年度职工年平均工资的十倍至二十倍；

（二）按照国家规定的伤残等级确定公民为五级至十级伤残的，视为部分丧失劳动能力。五至六级的，残疾赔偿金幅度为国家上年度职工年平均工资的五倍至十倍；七至十级的，残疾赔偿金幅度为国家上年度职工年平均工资的五倍以下。

有扶养义务的公民部分丧失劳动能力的，残疾赔偿金可以根据伤残等级并参考被扶养人生活来源丧失的情况进行确定，最高不超过国家上年度职工年平均工资的二十倍。

第十八条 受害的公民全部丧失劳动能力的，对其扶养的无劳动能力人的生活费发放标准，参照作出赔偿决定时被扶养人住所地所属省级人民政府确定的最低生活保障标准执行。

能够确定扶养年限的，生活费可协商确定并一次性支付。不能确定扶养年限的，可按照二十年上限确定扶养年限并一次性支付生活费，被扶养人超过六十周岁的，年龄每增加一岁，扶养年限减少一年；被扶养人年龄超过确定扶养年限的，被扶养人可逐年领取生活费至死亡时止。

第十九条 侵犯公民、法人和其他组织的财产权造成损害的，应当依照国家赔偿法第三十六条的规定承担赔偿责任。

财产不能恢复原状或者灭失的，财产损失按照损失发生时的市场价格或者其他合理方式计算。

第二十条 返还执行的罚款或者罚金、追缴或者没收的金钱，解除冻结的汇款的，应当支付银行同期存款利息，利率参照赔偿义务机关作出赔偿决定时中国人民银行公布的人民币整存整取定期存款一年期基准利率确定，不计算复利。

复议机关或者人民法院赔偿委员会改变原赔偿决定，利率参照新作出决定时中国人民银行公布的人民币整存整取定期存款一年期基准利率确定。

计息期间自侵权行为发生时起算，至作出生效赔偿决定时止；但在生效赔偿决定作出前侵权行为停止的，计算至侵权行为停止时止。

被罚没、追缴的资金属于赔偿请求人在金融机构合法存款的，在存款合同存续期间，按照合同约定的利率计算利息。

第二十一条 国家赔偿法第三十三条、第三十四条规定的上年度，是指赔偿义务机关作出赔偿决定时的上一年度；复议机关或者人民法院赔偿委员会改变原赔偿决定，按照新作出决定时的上一年度国家职工平均工资标准计算人身自由赔偿金。

作出赔偿决定、复议决定时国家上一年度职工平均工资尚未公布的，以已经公布的最近年度职工平均工资为准。

第二十二条 下列赔偿决定、复议决定是发生法律效力的决定：

（一）超过国家赔偿法第二十四条规定的期限没有申请复议或者向上一级人民法院赔偿委员会申请国家赔偿的赔偿义务机关的决定；

（二）超过国家赔偿法第二十五条规定的期限没有向人民法院赔偿委员会申请国家赔偿的复议决定；

（三）人民法院赔偿委员会作出的赔偿决定。

发生法律效力的赔偿义务机关的决定和复议决定，与发生法律效力的赔偿委员会的赔偿决定具有同等法律效力，依法必须执行。

第二十三条 本解释自2016年1月1日起施行。本解释施行前最高人民法院、最高人民检察院发布的司法解释与本解释不一致的，以本解释为准。

最高人民法院赔偿委员会工作规则

（2014 年 12 月 8 日　法发〔2014〕22 号）

第一条　为了规范赔偿委员会工作，充分发挥其职能作用，根据《中华人民共和国国家赔偿法》和有关法律规定，制定本规则。

第二条　赔偿委员会的职责：

（一）讨论、决定下列国家赔偿案件：

1. 赔偿请求人向本院申请赔偿，应由本院作出决定的案件；

2. 不服本院赔偿委员会的决定，需要重新审查并作出决定的案件；

3. 不服高级人民法院赔偿委员会的决定，向本院申诉，需要直接审查并作出决定的案件；

4. 最高人民检察院向本院提出意见，应当重新审查并作出决定的案件；

5. 请示案件和其他重大、疑难的案件。

（二）讨论国家赔偿司法解释草案。

（三）总结国家赔偿工作经验，监督、指导地方各级法院的国家赔偿工作。

（四）讨论、决定其他有关国家赔偿工作的重大事项。

第三条　赔偿委员会两个月召开一次例会。必要时，经主任提议可随时召开。

赔偿委员会开会应有过半数的委员出席。

第四条　赔偿委员会委员应当按时出席会议。因故不能出席会议的，应当及时向主任请假。

第五条　赔偿委员会会议由主任主持，或者由主任委托副主任主持。

经会议主持人同意，赔偿委员会办公室人员或者其他有关人员可以列席会议。

第六条　赔偿委员会讨论的议题，由主任或者副主任决定。

承办人应当预先做好准备，并于会议一日前将相关材料发送各委员和有关列席人员；开会时，应当根据会议主持人的要求向会议汇报，并负责回答委员提出的问题。

赔偿委员会讨论案件的，承办人应当在会前写出审查报告。合议庭和承办人要对案件事实负责，提出的处理意见应当写明有关的法律根据。

第七条　赔偿委员会实行民主集中制。赔偿委员会讨论的案件，必须获得全体委员半数以上同意方能通过。少数委员的意见可以保留并记录在卷。

第八条 赔偿委员会认为重大、疑难的案件，或者有重大分歧的案件，应当报请主任提交审判委员会讨论决定。

审判委员会的决定，赔偿委员会应当执行。

第九条 赔偿委员会讨论、决定的事项，应当作出会议纪要，经会议主持人审定后附卷备查。

第十条 赔偿委员会办公室负责赔偿委员会的会务工作，负责执行赔偿委员会决定事项。

第十一条 赔偿委员会委员以及其他列席会议的人员，应当遵守保密规定，不得泄露赔偿委员会讨论情况。

第十二条 本规则自通过之日起施行。

最高人民法院关于审理国家赔偿案件确定精神损害赔偿责任适用法律若干问题的解释

（2021年2月7日最高人民法院审判委员会第1831次会议通过 2021年3月24日最高人民法院公告公布 自2021年4月1日起施行 法释〔2021〕3号）

为正确适用《中华人民共和国国家赔偿法》有关规定，合理确定精神损害赔偿责任，结合国家赔偿审判实际，制定本解释。

第一条 公民以人身权受到侵犯为由提出国家赔偿申请，依照国家赔偿法第三十五条的规定请求精神损害赔偿的，适用本解释。

法人或者非法人组织请求精神损害赔偿的，人民法院不予受理。

第二条 公民以人身权受到侵犯为由提出国家赔偿申请，未请求精神损害赔偿，或者未同时请求消除影响、恢复名誉、赔礼道歉以及精神损害抚慰金的，人民法院应当向其释明。经释明后不变更请求，案件审结后又基于同一侵权事实另行提出申请的，人民法院不予受理。

第三条 赔偿义务机关有国家赔偿法第三条、第十七条规定情形之一，依法应当承担国家赔偿责任的，可以同时认定该侵权行为致人精神损害。但是赔偿义务机关有证据证明该公民不存在精神损害，或者认定精神损害违背公序良俗的除外。

第四条 侵权行为致人精神损害，应当为受害人消除影响、恢复名誉或者赔礼道歉；侵权行为致人精神损害并造成严重后果，应当在支付精神损害抚慰金的同时，视案件具体情形，为受害人消除影响、恢复名誉或者赔礼道歉。

消除影响、恢复名誉与赔礼道歉，可以单独适用，也可以合并适用，并应当与侵权行为的具体方式和造成的影响范围相当。

第五条 人民法院可以根据案件具体情况，组织赔偿请求人与赔偿义务机关就消除影响、恢复名誉或者赔礼道歉的具体方式进行协商。

协商不成作出决定的，应当采用下列方式：

（一）在受害人住所地或者所在单位发布相关信息；

（二）在侵权行为直接影响范围内的媒体上予以报道；

（三）赔偿义务机关有关负责人向赔偿请求人赔礼道歉。

第六条 决定为受害人消除影响、恢复名誉或者赔礼道歉的，应当载入决定主文。

赔偿义务机关在决定作出前已为受害人消除影响、恢复名誉或者赔礼道歉，或者原侵权案件的纠正被媒体广泛报道，客观上已经起到消除影响、恢复名誉作用，且符合本解释规定的，可以在决定书中予以说明。

第七条 有下列情形之一的，可以认定为国家赔偿法第三十五条规定的“造成严重后果”：

（一）无罪或者终止追究刑事责任的人被羁押六个月以上；

（二）受害人经鉴定为轻伤以上或者残疾；

（三）受害人经诊断、鉴定为精神障碍或者精神残疾，且与侵权行为存在关联；

（四）受害人名誉、荣誉、家庭、职业、教育等方面遭受严重损害，且与侵权行为存在关联。

受害人无罪被羁押十年以上；受害人死亡；受害人经鉴定为重伤或者残疾一至四级，且生活不能自理；受害人经诊断、鉴定为严重精神障碍或者精神残疾一至二级，生活不能自理，且与侵权行为存在关联的，可以认定为后果特别严重。

第八条 致人精神损害，造成严重后果的，精神损害抚慰金一般应当在国家赔偿法第三十三条、第三十四条规定的人身自由赔偿金、生命健康赔偿金总额的百分之五十以下（包括本数）酌定；后果特别严重，或者虽然不具有本解释第七条第二款规定情形，但是确有证据证明前述标准不足以抚慰的，可以在百分之五十以上酌定。

第九条 精神损害抚慰金的具体数额，应当在兼顾社会发展整体水平的同时，参考下列因素合理确定：

（一）精神受到损害以及造成严重后果的情况；

（二）侵权行为的目的、手段、方式等具体情节；

（三）侵权机关及其工作人员的违法、过错程度、原因力比例；

（四）原错判罪名、刑罚轻重、羁押时间；

（五）受害人的职业、影响范围；

（六）纠错的事由以及过程；

（七）其他应当考虑的因素。

第十条 精神损害抚慰金的数额一般不少于一千元；数额在一千元以上的，以千为计数单位。

赔偿请求人请求的精神损害抚慰金少于一千元，且其请求事由符合本解释规定的造成严重后果情形，经释明不予变更的，按照其请求数额支付。

第十一条 受害人对损害事实和后果的发生或者扩大有过错的，可以根据其过错程度减少或者不予支付精神损害抚慰金。

第十二条 决定中载明的支付精神损害抚慰金及其他责任承担方式，赔偿义务机关应当履行。

第十三条 人民法院审理国家赔偿法第三十八条所涉侵犯公民人身权的国家赔偿案件，以及作为赔偿义务机关审查处理国家赔偿案件，涉及精神损害赔偿的，参照本解释规定。

第十四条 本解释自2021年4月1日起施行。本解释施行前的其他有关规定与本解释不一致的，以本解释为准。

最高人民法院关于人民法院赔偿委员会适用质证程序审理国家赔偿案件的规定

（2013年12月16日最高人民法院审判委员会第1600次会议通过　2013年12月19日最高人民法院公告公布　自2014年3月1日起施行　法释〔2013〕27号）

为规范人民法院赔偿委员会（以下简称赔偿委员会）适用质证程序审理国家赔偿案件，根据《中华人民共和国国家赔偿法》等有关法律规定，结合国家赔偿工作实际，制定本规定。

第一条 赔偿委员会根据国家赔偿法第二十七条的规定，听取赔偿请求人、赔偿义务机关的陈述和申辩，进行质证的，适用本规定。

第二条 有下列情形之一，经书面审理不能解决的，赔偿委员会可以组织赔偿请求人和赔偿义务机关进行质证：

（一）对侵权事实、损害后果及因果关系有争议的；

（二）对是否属于国家赔偿法第十九条规定的国家不承担赔偿责任的情形有争议的；

（三）对赔偿方式、赔偿项目或者赔偿数额有争议的；

（四）赔偿委员会认为应当质证的其他情形。

第三条 除涉及国家秘密、个人隐私或者法律另有规定的以外，质证应当公开进行。

赔偿请求人或者赔偿义务机关申请不公开质证，对方同意的，赔偿委员会可以不公开质证。

第四条 赔偿请求人和赔偿义务机关在质证活动中的法律地位平等，有权委托代理人，提出回避申请，提供证据，申请查阅、复制本案质证材料，进行陈述、质询、申辩，并应当依法行使质证权利，遵守质证秩序。

第五条 赔偿请求人、赔偿义务机关对其主张的有利于自己的事实负举证责任，但法律、司法解释另有规定的除外。

没有证据或者证据不足以证明其事实主张的，由负有举证责任的一方承担不利后果。

第六条 下列事实需要证明的，由赔偿义务机关负举证责任：

（一）赔偿义务机关行为的合法性；

（二）赔偿义务机关无过错；

（三）因赔偿义务机关过错致使赔偿请求人不能证明的待证事实；

（四）赔偿义务机关行为与被羁押人在羁押期间死亡或者丧失行为能力不存在因果关系。

第七条 下列情形，由赔偿义务机关负举证责任：

（一）属于法定免责情形；

（二）赔偿请求超过法定时效；

（三）具有其他抗辩事由。

第八条 赔偿委员会认为必要时，可以通知复议机关参加质证，由复议机关对其作出复议决定的事实和法律依据进行说明。

第九条 赔偿请求人可以在举证期限内申请赔偿委员会调取下列证据：

（一）由国家有关部门保存，赔偿请求人及其委托代理人无权查阅调取的证据；

（二）涉及国家秘密、商业秘密、个人隐私的证据；

（三）赔偿请求人及其委托代理人因客观原因不能自行收集的其他证据。

赔偿请求人申请赔偿委员会调取证据，应当提供具体线索。

第十条 赔偿委员会有权要求赔偿请求人、赔偿义务机关提供或者补充证据。

涉及国家利益、社会公共利益或者他人合法权益的事实，或者涉及依职权追加质证参加人、中止审理、终结审理、回避等程序性事项的，赔偿委员会可以向有关单位和人员调查情况、收集证据。

第十一条 赔偿请求人、赔偿义务机关应当在收到受理案件通知书之日起十日内提供证据。赔偿请求人、赔偿义务机关确因客观事由不能在该期限内提供证据的，赔偿委员会可以根据其申请适当延长举证期限。

赔偿请求人、赔偿义务机关无正当理由逾期提供证据的，应当承担相应的不利后果。

第十二条 对于证据较多或者疑难复杂的案件，赔偿委员会可以组织赔偿请求人、赔偿义务机关在质证前交换证据，明确争议焦点，并将交换证据的情况记录在卷。

赔偿请求人、赔偿义务机关在证据交换过程中没有争议并记录在卷的证据，经审判员在质证中说明后，可以作为认定案件事实的依据。

第十三条 赔偿委员会应当指定审判员组织质证，并在质证三日前通知赔偿请求人、赔偿义务机关和其他质证参与人。必要时，赔偿委员会可以通知赔偿义务机关实施原职权行为的工作人员或者其他利害关系人到场接受询问。

赔偿委员会决定公开质证的，应当在质证三日前公告案由，赔偿请求人和赔偿义务机关的名称，以及质证的时间、地点。

第十四条 适用质证程序审理国家赔偿案件，未经质证的证据不得作为认定案件事实的依据，但法律、司法解释另有规定的除外。

第十五条 赔偿请求人、赔偿义务机关应围绕证据的关联性、真实性、合法性，针对证据有无证明力以及证明力大小，进行质证。

第十六条 质证开始前，由书记员查明质证参与人是否到场，宣布质证纪律。

质证开始时，由主持质证的审判员核对赔偿请求人、赔偿义务机关，宣布案由，宣布审判员、书记员名单，向赔偿请求人、赔偿义务机关告知质证权利义务以及询问是否申请回避。

第十七条 质证一般按照下列顺序进行：

（一）赔偿请求人、赔偿义务机关分别陈述，复议机关进行说明；

（二）审判员归纳争议焦点；

（三）赔偿请求人、赔偿义务机关分别出示证据，发表意见；

（四）询问参加质证的证人、鉴定人、勘验人；

（五）赔偿请求人、赔偿义务机关就争议的事项进行质询和辩论；

（六）审判员宣布赔偿请求人、赔偿义务机关认识一致的事实和证据；

（七）赔偿请求人、赔偿义务机关最后陈述意见。

第十八条 赔偿委员会根据赔偿请求人申请调取的证据，作为赔偿请求人提供的证据进行质证。

赔偿委员会依照职权调取的证据应当在质证时出示，并就调取该证据的情况予以说明，听取赔偿请求人、赔偿义务机关的意见。

第十九条 赔偿请求人或者赔偿义务机关对对方主张的不利于自己的事实，在质证中明确表示承认的，对方无需举证；既未表示承认也未否认，经审判员询问并释明法律后果后，其仍不作明确表示的，视为对该项事实的承认。

赔偿请求人、赔偿义务机关委托代理人参加质证的，代理人在代理权限范围内的承认视为被代理人的承认，但参加质证的赔偿请求人、赔偿义务机关当场明确表示反对的除外；代理人超出代理权限范围的承认，参加质证的赔偿请求人、赔偿义务机关当场不作否认表示的，视为被代理人的承认。

上述承认违反法律禁止性规定，或者损害国家利益、社会公共利益、他人合法权益的，不发生自认的效力。

第二十条 下列事实无需举证证明：

（一）自然规律以及定理、定律；

（二）众所周知的事实；

（三）根据法律规定推定的事实；

（四）已经依法证明的事实；

（五）根据日常生活经验法则推定的事实。

前款（二）、（三）、（四）、（五）项，赔偿请求人、赔偿义务机关有相反证据否定其真实性的除外。

第二十一条 有证据证明赔偿义务机关持有证据无正当理由拒不提供的，赔偿委员会可以就待证事实作出有利于赔偿请求人的推定。

第二十二条 赔偿委员会应当依据法律规定，遵照法定程序，全面客观地审核证据，运用逻辑推理和日常生活经验，对证据的证明力进行独立、综合的审查判断。

第二十三条 书记员应当将质证的全部活动记入笔录。质证笔录由赔偿请求人、赔偿义务机关和其他质证参与人核对无误或者补正后签名或者盖章。拒绝签名或者盖章的，应当记明情况附卷，由审判员和书记员签名。

具备条件的，赔偿委员会可以对质证活动进行全程同步录音录像。

第二十四条 赔偿请求人、赔偿义务机关经通知无正当理由拒不参加质证或者未经许可中途退出质证的，视为放弃质证，赔偿委员会可以综合全案情况和对方意见认定案件事实。

第二十五条 有下列情形之一的，可以延期质证：

（一）赔偿请求人、赔偿义务机关因不可抗拒的事由不能参加质证的；

（二）赔偿请求人、赔偿义务机关临时提出回避申请，是否回避的决定不能在短时间内作出的；

（三）需要通知新的证人到场，调取新的证据，重新鉴定、勘验，或者补充调查的；

（四）其他应当延期的情形。

第二十六条 本规定自2014年3月1日起施行。

本规定施行前本院发布的司法解释与本规定不一致的，以本规定为准。

最高人民法院关于人民法院办理自赔案件程序的规定

（2013年4月1日最高人民法院审判委员会第1573次会议通过 2013年7月26日最高人民法院公告公布 自2013年9月1日起施行 法释〔2013〕19号）

根据《中华人民共和国国家赔偿法》，结合人民法院国家赔偿工作实际，对人民法院办理自赔案件的程序作如下规定：

第一条 本规定所称自赔案件，是指人民法院办理的本院作为赔偿义务机关的国家赔偿案件。

第二条 基层人民法院国家赔偿小组、中级以上人民法院赔偿委员会负责办理本院的自赔案件。

第三条 人民法院对赔偿请求人提出的赔偿申请，根据《最高人民法院关于国家赔偿案件立案工作的规定》予以审查立案。

第四条 人民法院办理自赔案件，应当指定一名审判员承办。

负责承办的审判员应当查清事实并提出处理意见，经国家赔偿小组或者赔偿委员会讨论后，报请院长决定。重大、疑难案件由院长提交院长办公会议讨论决定。

第五条 参与办理自赔案件的审判人员是赔偿请求人或其代理人的近亲属，与本案有利害关系，或者有其他关系，可能影响案件公正办理的，应当主动回避。

赔偿请求人认为参与办理自赔案件的审判人员有前款规定情形的，有权以书面或者口头方式申请其回避。

以上规定，适用于书记员、翻译人员、鉴定人、勘验人。

第六条 赔偿请求人申请回避，应当在人民法院作出赔偿决定前提出。

人民法院应当自赔偿请求人申请回避之日起三日内作出书面决定。赔偿请求人对决定不服的，可以申请复议一次。人民法院对复议申请，应当在三日内做出复议决定，并通知复议申请人。复议期间，被申请回避的人员不停止案件办理工作。

审判人员的回避，由院长决定；其他人员的回避，由国家赔偿小组负责人或者赔偿委员会主任决定。

第七条 人民法院应当全面审查案件，充分听取赔偿请求人的意见。必要时可以调取原审判、执行案卷，可以向原案件承办部门或有关人员调查、核实情况。听取意见、调查核实情况，应当制作笔录。

案件争议较大，或者案情疑难、复杂的，人民法院可以组织赔偿请求人、原案件承办人以及其他相关人员举行听证。听证情况应当制作笔录。

第八条 人民法院可以与赔偿请求人就赔偿方式、赔偿项目和赔偿数额在法律规定的范围内进行协商。协商应当遵循自愿、合法的原则。协商情况应当制作笔录。

经协商达成协议的，人民法院应当制作国家赔偿决定书。协商不成的，人民法院应当依法及时作出决定。

第九条 人民法院作出决定前，赔偿请求人撤回赔偿申请的，人民法院应当准许。

赔偿请求人撤回赔偿申请后，在国家赔偿法第三十九条规定的时效内又申请赔偿，并有证据证明其撤回申请确属违背真实意思表示或者有其他正当理由的，人民法院应予受理。

第十条 有下列情形之一的，人民法院应当决定中止办理：

（一）作为赔偿请求人的公民死亡，需要等待其继承人和其他有扶养关系的亲属表明是否参加赔偿案件处理的；

（二）作为赔偿请求人的公民丧失行为能力，尚未确定法定代理人的；

（三）作为赔偿请求人的法人或者其他组织终止，尚未确定权利承受人的；

（四）赔偿请求人因不可抗力或者其他障碍，在法定期限内不能参加赔偿案件处理的；

（五）宣告无罪的案件，人民法院决定再审或者人民检察院按照审判监督程序提出抗诉的。

中止办理的原因消除后，人民法院应当及时恢复办理，并通知赔偿请求人。

第十一条 有下列情形之一的，人民法院应当决定终结办理：

（一）作为赔偿请求人的公民死亡，没有继承人和其他有扶养关系的亲属，或者其继承人和其他有扶养关系的亲属放弃要求赔偿权利的；

（二）作为赔偿请求人的法人或者其他组织终止后，其权利承受人放弃要求赔偿权利的；

（三）赔偿请求人据以申请赔偿的撤销案件决定、不起诉决定或者宣告无罪的判决被撤销的。

第十二条 人民法院应当自收到赔偿申请之日起两个月内作出是否赔偿的决定，并制作国家赔偿决定书。

申请人向人民法院申请委托鉴定、评估的，鉴定、评估期间不计入办理期限。

第十三条 国家赔偿决定书应当载明以下事项：

（一）赔偿请求人的基本情况；

（二）申请事项及理由；

（三）决定的事实理由及法律依据；

（四）决定内容；

（五）申请上一级人民法院赔偿委员会作出赔偿决定的期间和上一级人民法院名称。

第十四条 人民法院决定赔偿或不予赔偿的，应当自作出决定之日起十日内将国家赔偿决定书送达赔偿请求人。

第十五条 赔偿请求人依据国家赔偿法第三十七条第二款的规定向人民法院申请支付赔偿金的，应当递交申请书，并提交以下材料：

（一）赔偿请求人的身份证明；

（二）生效的国家赔偿决定书。

赔偿请求人当面递交申请支付材料的，人民法院应当出具收讫凭证。赔偿请求人书写申请书确有困难的，可以口头申请，人民法院应当记入笔录，由赔偿请求人签名、捺印或者盖章。

第十六条 申请支付材料真实、有效、完整的，人民法院应当受理，并书面通知赔偿请求人。人民法院受理后，应当自收到支付申请之日起七日内，依照预算管理权限向有关财政部门提出支付申请。

申请支付材料不完整的，人民法院应当当场或者在三个工作日内一次性告知赔偿请求人需要补正的全部材料。收到支付申请的时间自人民法院收到补正材料之日起计算。

申请支付材料虚假、无效，人民法院决定不予受理的，应当在三个工作日内书面通知赔偿请求人并说明理由。

第十七条 赔偿请求人对人民法院不予受理申请支付的通知有异议的，可以自收到通知之日起十日内向上一级人民法院申请复核。上一级人民法院应当自收到复核申请之日起五个工作日内作出复核决定，并在作出复核决定之日起三个工作日内送达赔偿请求人。

第十八条 财政部门告知人民法院申请支付材料不符合要求的，人民法院应当自接到通知之日起五个工作日内按照要求提交补正材料。

需要赔偿请求人补正材料的，人民法院应当及时通知赔偿请求人。

第十九条 财政部门告知人民法院已支付国家赔偿费用的，人民法院应当及时通知赔偿请求人。

第二十条 本规定自2013年9月1日起施行。

本规定施行前本院发布的司法解释，与本规定不一致的，以本规定为准。

最高人民法院关于国家赔偿案件立案工作的规定

（2011年12月26日最高人民法院审判委员会第1537次会议通过　2012年1月13日最高人民法院公告公布　自2012年2月15日起施行　法释〔2012〕1号）

为保障公民、法人和其他组织依法行使请求国家赔偿的权利，保证人民法院及时、准确审查受理国家赔偿案件，根据《中华人民共和国国家赔偿法》及有关法律规定，现就人民法院国家赔偿案件立案工作规定如下：

第一条 本规定所称国家赔偿案件，是指国家赔偿法第十七条、第十八条、第二十一条、第三十八条规定的下列案件：

（一）违反刑事诉讼法的规定对公民采取拘留措施的，或者依照刑事诉讼法规定的条件和程序对公民采取拘留措施，但是拘留时间超过刑事诉讼法规定的时限，其后决定撤销案件、不起诉或者判决宣告无罪终止追究刑事责任的；

（二）对公民采取逮捕措施后，决定撤销案件、不起诉或者判决宣告无罪终止追究刑事责任的；

（三）二审改判无罪，以及二审发回重审后作无罪处理的；

（四）依照审判监督程序再审改判无罪，原判刑罚已经执行的；

（五）刑讯逼供或者以殴打、虐待等行为或者唆使、放纵他人以殴打、虐待等行为造成公民身体伤害或者死亡的；

（六）违法使用武器、警械造成公民身体伤害或者死亡的；

（七）在刑事诉讼过程中违法对财产采取查封、扣押、冻结、追缴等措施的；

（八）依照审判监督程序再审改判无罪，原判罚金、没收财产已经执行的；

（九）在民事诉讼、行政诉讼过程中，违法采取对妨害诉讼的强制措施、保全措施或者对判决、裁定及其他生效法律文书执行错误，造成损害的。

第二条 赔偿请求人向作为赔偿义务机关的人民法院提出赔偿申请，或者依照国家赔偿法第二十四条、第二十五条的规定向人民法院赔偿委员会提出赔偿申请的，收到申请的人民法院根据本规定予以审查立案。

第三条 赔偿请求人当面递交赔偿申请的，收到申请的人民法院应当依照国家赔偿法第十二条的规定，当场出具加盖本院专用印章并注明收讫日期的书面凭证。

赔偿请求人以邮寄等形式提出赔偿申请的，收到申请的人民法院应当及时登记审查。

申请材料不齐全的，收到申请的人民法院应当在五日内一次性告知赔偿请求人需要补正的全部内容。收到申请的时间自人民法院收到补正材料之日起计算。

第四条 赔偿请求人向作为赔偿义务机关的人民法院提出赔偿申请，收到申请的人民法院经审查认为其申请符合下列条件的，应予立案：

（一）赔偿请求人具备法律规定的主体资格；

（二）本院是赔偿义务机关；

（三）有具体的申请事项和理由；

（四）属于本规定第一条规定的情形。

第五条 赔偿请求人对作为赔偿义务机关的人民法院作出的是否赔偿的决定不服，依照国家赔偿法第二十四条的规定向其上一级人民法院赔偿委员会提出赔偿申请，收到申请的人民法院经审查认为其申请符合下列条件的，应予立案：

（一）有赔偿义务机关作出的是否赔偿的决定书；

（二）符合法律规定的请求期间，因不可抗力或者其他障碍未能在法定期间行使请求权的情形除外。

第六条 作为赔偿义务机关的人民法院逾期未作出是否赔偿的决定，赔偿请求人依照国家赔偿法第二十四条的规定向其上一级人民法院赔偿委员会提出赔偿申请，收到申请的人民法院经审查认为其申请符合下列条件的，应予立案：

（一）赔偿请求人具备法律规定的主体资格；

（二）被申请的赔偿义务机关是法律规定的赔偿义务机关；

（三）有具体的申请事项和理由；

（四）属于本规定第一条规定的情形；

（五）有赔偿义务机关已经收到赔偿申请的收讫凭证或者相应证据；

（六）符合法律规定的请求期间，因不可抗力或者其他障碍未能在法定期间行使请求权的情形除外。

第七条 赔偿请求人对行使侦查、检察职权的机关以及看守所、监狱管理机关作出的决定不服，经向其上一级机关申请复议，对复议机关的复议决定仍不服，依照国家赔偿法第二十五条的规定向复议机关所在地的同级人民法院赔偿委员会提出赔偿申请，收到申请的人民法院经审查认为其申请符合下列条件的，应予立案：

（一）有复议机关的复议决定书；

（二）符合法律规定的请求期间，因不可抗力或者其他障碍未能在法定期间行使请求权的情形除外。

第八条 复议机关逾期未作出复议决定，赔偿请求人依照国家赔偿法第二十五条的规定向复议机关所在地的同级人民法院赔偿委员会提出赔偿申请，收到申请的人民法院经审查认为其申请符合下列条件的，应予立案：

（一）赔偿请求人具备法律规定的主体资格；

（二）被申请的赔偿义务机关、复议机关是法律规定的赔偿义务机关、复议机关；

（三）有具体的申请事项和理由；

（四）属于本规定第一条规定的情形；

（五）有赔偿义务机关、复议机关已经收到赔偿申请的收讫凭证或者相应证据；

（六）符合法律规定的请求期间，因不可抗力或者其他障碍未能在法定期间行使请求权的情形除外。

第九条 人民法院应当在收到申请之日起七日内决定是否立案。

决定立案的，人民法院应当在立案之日起五日内向赔偿请求人送达受理案件通知书。属于人民法院赔偿委员会审理的国家赔偿案件，还应当同时向赔偿义务机关、复议机关送达受理案件通知书、国家赔偿申请书或者《申请赔偿登记表》副本。

经审查不符合立案条件的，人民法院应当在七日内作出不予受理决定，并应当在作出决定之日起十日内送达赔偿请求人。

第十条 赔偿请求人对复议机关或者作为赔偿义务机关的人民法院作出的决定不予受理的文书不服，依照国家赔偿法第二十四条、第二十五条的规定向人民法院赔偿委员会提出赔偿申请，收到申请的人民法院可以依照本规定第六条、第八条予以审查立案。

经审查认为原不予受理错误的，人民法院赔偿委员会可以直接审查并作出决定，必要时也可以交由复议机关或者作为赔偿义务机关的人民法院作出决定。

第十一条 自本规定施行之日起，《最高人民法院关于刑事赔偿和非刑事司法赔偿案件立案工作的暂行规定（试行）》即行废止；本规定施行前本院发布的司法解释与本规定不一致的，以本规定为准。

最高人民法院关于
司法赔偿案件案由的规定

（2023年4月19日 法〔2023〕68号）

为正确适用法律，统一确定案由，根据《中华人民共和国国家赔偿法》等法律规定，结合人民法院司法赔偿审判工作实际情况，对司法赔偿案件案由规定如下：

一、刑事赔偿

适用于赔偿请求人主张赔偿义务机关在行使刑事司法职权时侵犯人身权或者财产权的赔偿案件。

（一）人身自由损害刑事赔偿

适用于赔偿请求人主张赔偿义务机关在行使刑事司法职权时侵犯人身自由的赔偿案件。

1. 违法刑事拘留赔偿

适用于赔偿请求人主张赔偿义务机关违反刑事诉讼法规定的条件、程序或者时限采取拘留措施的赔偿案件。

2. 变相羁押赔偿

适用于赔偿请求人主张赔偿义务机关违反刑事诉讼法的规定指定居所监视居住或者超出法定时限连续传唤、拘传，实际已达到刑事拘留效果的赔偿案件。

3. 无罪逮捕赔偿

适用于赔偿请求人主张赔偿义务机关采取逮捕措施错误的赔偿案件。

4. 二审无罪赔偿

适用于赔偿请求人主张二审已改判无罪，赔偿义务机关此前作出一审有罪错判的赔偿案件。

5. 重审无罪赔偿

适用于赔偿请求人主张二审发回重审后已作无罪处理，赔偿义务机关此前作出一审有罪错判的赔偿案件。

6. 再审无罪赔偿

适用于赔偿请求人主张依照审判监督程序已再审改判无罪或者改判部分无罪，赔偿义务机关此前作出原生效有罪错判的赔偿案件。

（二）生命健康损害刑事赔偿

适用于赔偿请求人主张赔偿义务机关在行使刑事司法职权时侵犯生命健康的赔偿案件。

1. 刑讯逼供致伤、致死赔偿

适用于赔偿请求人主张赔偿义务机关刑讯逼供造成身体伤害或者死亡的赔偿案件。

2. 殴打、虐待致伤、致死赔偿

适用于赔偿请求人主张赔偿义务机关以殴打、虐待行为或者唆使、放纵他人以殴打、虐待行为造成身体伤害或者死亡的赔偿案件。

3. 怠于履行监管职责致伤、致死赔偿

适用于赔偿请求人主张赔偿义务机关未尽法定监管、救治职责，造成被羁押人身体伤害或者死亡的赔偿案件。

4. 违法使用武器、警械致伤、致死赔偿

适用于赔偿请求人主张赔偿义务机关违法使用武器、警械造成身体伤害或者死亡的赔偿案件。

（三）财产损害刑事赔偿

适用于赔偿请求人主张赔偿义务机关在行使刑事司法职权时侵犯财产权益的赔偿案件。

1. 刑事违法查封、扣押、冻结、追缴赔偿

适用于赔偿请求人主张赔偿义务机关在刑事诉讼过程中，违法对财产采取查封、扣押、冻结、追缴措施的赔偿案件。

2. 违法没收、拒不退还取保候审保证金赔偿

适用于赔偿请求人主张赔偿义务机关违法没收取保候审保证金、无正当理由对应当退还的取保候审保证金不予退还的赔偿案件。

3. 错判罚金、没收财产赔偿

适用于赔偿请求人主张原判罚金、没收财产执行后，依照审判监督程序已再审改判财产刑的赔偿案件。

二、非刑事司法赔偿

适用于赔偿请求人主张人民法院在民事、行政诉讼等非刑事司法活动中，侵犯人身权或者财产权的赔偿案件。

（四）违法采取对妨害诉讼的强制措施赔偿

适用于赔偿请求人主张人民法院在民事、行政诉讼中，违法采取对妨害诉讼的强制措施的赔偿案件。

1. 违法司法罚款赔偿

适用于赔偿请求人主张人民法院在民事、行政诉讼中，违法司法罚款的赔偿案件。

2. 违法司法拘留赔偿

适用于赔偿请求人主张人民法院在民事、行政诉讼中，违法司法拘留的赔偿案件。

（五）违法保全赔偿

适用于赔偿请求人主张人民法院在民事、行政诉讼中，违法采取或者违法解除保全措施的赔偿案件。

（六）违法先予执行赔偿

适用于赔偿请求人主张人民法院在民事、行政诉讼中，违法采取先予执行措施的赔偿案件。

（七）错误执行赔偿

适用于赔偿请求人主张人民法院对民事、行政判决、裁定以及其他生效法律文书执行错误的赔偿案件。

1. 无依据、超范围执行赔偿

适用于赔偿请求人主张人民法院执行未生效法律文书，或者超出生效法律文书确定的数额、范围执行的赔偿案件。

2. 违法执行损害案外人权益赔偿

适用于赔偿请求人主张人民法院违法执行案外人财产、未依法保护案外人优先受偿权等合法权益，或者对其他法院已经依法保全、执行的财产违法执行的赔偿案件。

3. 违法采取执行措施赔偿

适用于赔偿请求人主张人民法院违法采取查封、扣押、冻结、拍卖、变卖、以物抵债、交付等执行措施，或者在采取前述措施过程中存在未履行监管职责等过错的赔偿案件。

4. 违法采取执行强制措施赔偿

适用于赔偿请求人主张人民法院违法采取纳入失信被执行人名单、限制消费、限制出境、罚款、拘留等执行强制措施的赔偿案件。

5. 违法不执行、拖延执行赔偿

适用于赔偿请求人主张人民法院违法不执行、拖延执行或者应当依法恢复执行而不恢复的赔偿案件。

最高人民法院关于人民法院赔偿委员会审理国家赔偿案件程序的规定

（2011年2月28日最高人民法院审判委员会第1513次会议通过 2011年3月17日最高人民法院公告公布 自2011年3月22日起施行 法释〔2011〕6号）

根据2010年4月29日修正的《中华人民共和国国家赔偿法》（以下简称国家赔偿法），结合国家赔偿工作实际，对人民法院赔偿委员会（以下简称赔偿委员会）审理国家赔偿案件的程序作如下规定：

第一条 赔偿请求人向赔偿委员会申请作出赔偿决定，应当递交赔偿申请书一式四份。赔偿请求人书写申请书确有困难的，可以口头申请。口头提出申请的，人民法院应当填写《申请赔偿登记表》，由赔偿请求人签名或者盖章。

第二条 赔偿请求人向赔偿委员会申请作出赔偿决定，应当提供以下法律文书和证明材料：

（一）赔偿义务机关作出的决定书；

（二）复议机关作出的复议决定书，但赔偿义务机关是人民法院的除外；

（三）赔偿义务机关或者复议机关逾期未作出决定的，应当提供赔偿义务机关对赔偿申请的收讫凭证等相关证明材料；

（四）行使侦查、检察、审判职权的机关在赔偿申请所涉案件的刑事诉讼程序、民事诉讼程序、行政诉讼程序、执行程序中作出的法律文书；

（五）赔偿义务机关职权行为侵犯赔偿请求人合法权益造成损害的证明材料；

（六）证明赔偿申请符合申请条件的其他材料。

第三条 赔偿委员会收到赔偿申请，经审查认为符合申请条件的，应当在七日内立案，并通知赔偿请求人、赔偿义务机关和复议机关；认为不符合申请条件的，应当在七日内决定不予受理；立案后发现不符合申请条件的，决定驳回申请。

前款规定的期限，自赔偿委员会收到赔偿申请之日起计算。申请材料不齐全的，赔偿委员会应当在五日内一次性告知赔偿请求人需要补正的全部内容，收到赔偿申请的时间应当自赔偿委员会收到补正材料之日起计算。

第四条 赔偿委员会应当在立案之日起五日内将赔偿申请书副本或者《申请赔偿登记表》副本送达赔偿义务机关和复议机关。

第五条　赔偿请求人可以委托一至二人作为代理人。律师、提出申请的公民的近亲属、有关的社会团体或者所在单位推荐的人、经赔偿委员会许可的其他公民，都可以被委托为代理人。

赔偿义务机关、复议机关可以委托本机关工作人员一至二人作为代理人。

第六条　赔偿请求人、赔偿义务机关、复议机关委托他人代理，应当向赔偿委员会提交由委托人签名或者盖章的授权委托书。

授权委托书应当载明委托事项和权限。代理人代为承认、放弃、变更赔偿请求，应当有委托人的特别授权。

第七条　赔偿委员会审理赔偿案件，应当指定一名审判员负责具体承办。

负责具体承办赔偿案件的审判员应当查清事实并写出审理报告，提请赔偿委员会讨论决定。

赔偿委员会作赔偿决定，必须有三名以上审判员参加，按照少数服从多数的原则作出决定。

第八条　审判人员有下列情形之一的，应当回避，赔偿请求人和赔偿义务机关有权以书面或者口头方式申请其回避：

（一）是本案赔偿请求人的近亲属；

（二）是本案代理人的近亲属；

（三）与本案有利害关系；

（四）与本案有其他关系，可能影响对案件公正审理的。

前款规定，适用于书记员、翻译人员、鉴定人、勘验人。

第九条　赔偿委员会审理赔偿案件，可以组织赔偿义务机关与赔偿请求人就赔偿方式、赔偿项目和赔偿数额依照国家赔偿法第四章的规定进行协商。

第十条　组织协商应当遵循自愿和合法的原则。赔偿请求人、赔偿义务机关一方或者双方不愿协商，或者协商不成的，赔偿委员会应当及时作出决定。

第十一条　赔偿请求人和赔偿义务机关经协商达成协议的，赔偿委员会审查确认后应当制作国家赔偿决定书。

第十二条　赔偿请求人、赔偿义务机关对自己提出的主张或者反驳对方主张所依据的事实有责任提供证据加以证明。有国家赔偿法第二十六条第二款规定情形的，应当由赔偿义务机关提供证据。

没有证据或者证据不足以证明其事实主张的，由负有举证责任的一方承担不利后果。

第十三条　赔偿义务机关对其职权行为的合法性负有举证责任。

赔偿请求人可以提供证明职权行为违法的证据，但不因此免除赔偿义务机关对其职权行为合法性的举证责任。

第十四条　有下列情形之一的，赔偿委员会可以组织赔偿请求人和赔偿义务机关进行质证：

（一）对侵权事实、损害后果及因果关系争议较大的；

（二）对是否属于国家赔偿法第十九条规定的国家不承担赔偿责任的情形争议较大的；

（三）对赔偿方式、赔偿项目或者赔偿数额争议较大的；

（四）赔偿委员会认为应当质证的其他情形。

第十五条 赔偿委员会认为重大、疑难的案件，应报请院长提交审判委员会讨论决定。审判委员会的决定，赔偿委员会应当执行。

第十六条 赔偿委员会作出决定前，赔偿请求人撤回赔偿申请的，赔偿委员会应当依法审查并作出是否准许的决定。

第十七条 有下列情形之一的，赔偿委员会应当决定中止审理：

（一）赔偿请求人死亡，需要等待其继承人和其他有扶养关系的亲属表明是否参加赔偿案件处理的；

（二）赔偿请求人丧失行为能力，尚未确定法定代理人的；

（三）作为赔偿请求人的法人或者其他组织终止，尚未确定权利义务承受人的；

（四）赔偿请求人因不可抗拒的事由，在法定审限内不能参加赔偿案件处理的；

（五）宣告无罪的案件，人民法院决定再审或者人民检察院按照审判监督程序提出抗诉的；

（六）应当中止审理的其他情形。

中止审理的原因消除后，赔偿委员会应当及时恢复审理，并通知赔偿请求人、赔偿义务机关和复议机关。

第十八条 有下列情形之一的，赔偿委员会应当决定终结审理：

（一）赔偿请求人死亡，没有继承人和其他有扶养关系的亲属或者赔偿请求人的继承人和其他有扶养关系的亲属放弃要求赔偿权利的；

（二）作为赔偿请求人的法人或者其他组织终止后，其权利义务承受人放弃要求赔偿权利的；

（三）赔偿请求人据以申请赔偿的撤销案件决定、不起诉决定或者无罪判决被撤销的；

（四）应当终结审理的其他情形。

第十九条 赔偿委员会审理赔偿案件应当按照下列情形，分别作出决定：

（一）赔偿义务机关的决定或者复议机关的复议决定认定事实清楚，适用法律正确的，依法予以维持；

（二）赔偿义务机关的决定、复议机关的复议决定认定事实清楚，但适用法律错误的，依法重新决定；

（三）赔偿义务机关的决定、复议机关的复议决定认定事实不清、证据不足的，查清事实后依法重新决定；

（四）赔偿义务机关、复议机关逾期未作决定的，查清事实后依法作出决定。

第二十条 赔偿委员会审理赔偿案件作出决定，应当制作国家赔偿决定书，加盖人民法院印章。

第二十一条 国家赔偿决定书应当载明以下事项：

（一）赔偿请求人的基本情况，赔偿义务机关、复议机关的名称及其法定代表人；

（二）赔偿请求人申请事项及理由，赔偿义务机关的决定、复议机关的复议决定情况；

（三）赔偿委员会认定的事实及依据；

（四）决定的理由及法律依据；

（五）决定内容。

第二十二条 赔偿委员会作出的决定应当分别送达赔偿请求人、赔偿义务机关和复议机关。

第二十三条 人民法院办理本院为赔偿义务机关的国家赔偿案件参照本规定。

第二十四条 自本规定公布之日起，《人民法院赔偿委员会审理赔偿案件程序的暂行规定》即行废止；本规定施行前本院发布的司法解释与本规定不一致的，以本规定为准。

最高人民法院关于适用《中华人民共和国国家赔偿法》若干问题的解释（一）

（2011年2月14日最高人民法院审判委员会第1511次会议通过 2011年2月28日最高人民法院公告公布 自2011年3月18日起施行 法释〔2011〕4号）

为正确适用2010年4月29日第十一届全国人民代表大会常务委员会第十四次会议修正的《中华人民共和国国家赔偿法》，对人民法院处理国家赔偿案件中适用国家赔偿法的有关问题解释如下：

第一条 国家机关及其工作人员行使职权侵犯公民、法人和其他组织合法权益的行为发生在2010年12月1日以后，或者发生在2010年12月1日以前、持续至2010年12月1日以后的，适用修正的国家赔偿法。

第二条 国家机关及其工作人员行使职权侵犯公民、法人和其他组织合法权益的行为发生在2010年12月1日以前的，适用修正前的国家赔偿法，但有下列情形之一的，适用修正的国家赔偿法：

（一）2010年12月1日以前已经受理赔偿请求人的赔偿请求但尚未作出生效赔偿决定的；

（二）赔偿请求人在2010年12月1日以后提出赔偿请求的。

第三条 人民法院对2010年12月1日以前已经受理但尚未审结的国家赔偿确认案件，应当继续审理。

第四条 公民、法人和其他组织对行使侦查、检察、审判职权的机关以及看守所、监狱管理机关在2010年12月1日以前作出并已发生法律效力的不予确认职务行为违法的法律文书不服，未依据修正前的国家赔偿法规定提出申诉并经有权机关作出侵权确认结论，直接向人民法院赔偿委员会申请赔偿的，不予受理。

第五条 公民、法人和其他组织对在2010年12月1日以前发生法律效力的赔偿决定不服提出申诉的，人民法院审查处理时适用修正前的国家赔偿法；但是仅就修正的国家赔偿法增加的赔偿项目及标准提出申诉的，人民法院不予受理。

第六条 人民法院审查发现2010年12月1日以前发生法律效力的确认裁定、赔偿决定确有错误应当重新审查处理的，适用修正前的国家赔偿法。

第七条 赔偿请求人认为行使侦查、检察、审判职权的机关以及看守所、监狱管理机关及其工作人员在行使职权时有修正的国家赔偿法第十七条第（一）、（二）、（三）项、第十八条规定情形的，应当在刑事诉讼程序终结后提出赔偿请求，但下列情形除外：

（一）赔偿请求人有证据证明其与尚未终结的刑事案件无关的；

（二）刑事案件被害人依据刑事诉讼法第一百九十八条的规定，以财产未返还或者认为返还的财产受到损害而要求赔偿的。

第八条 赔偿请求人认为人民法院有修正的国家赔偿法第三十八条规定情形的，应当在民事、行政诉讼程序或者执行程序终结后提出赔偿请求，但人民法院已依法撤销对妨害诉讼采取的强制措施的情形除外。

第九条 赔偿请求人或者赔偿义务机关认为人民法院赔偿委员会作出的赔偿决定存在错误，依法向上一级人民法院赔偿委员会提出申诉的，不停止赔偿决定的执行；但人民法院赔偿委员会依据修正的国家赔偿法第三十条的规定决定重新审查的，可以决定中止原赔偿决定的执行。

第十条 人民检察院依据修正的国家赔偿法第三十条第三款的规定，对人民法院赔偿委员会在2010年12月1日以后作出的赔偿决定提出意见的，同级人民法院赔偿委员会应当决定重新审查，并可以决定中止原赔偿决定的执行。

第十一条 本解释自公布之日起施行。

最高人民法院关于审理行政赔偿案件若干问题的规定

（2021年12月6日最高人民法院审判委员会第1855次会议通过　2022年3月20日最高人民法院公告公布　自2022年5月1日起施行　法释〔2022〕10号）

为保护公民、法人和其他组织的合法权益，监督行政机关依法履行行政赔偿义务，确保人民法院公正、及时审理行政赔偿案件，实质化解行政赔偿争议，根据《中华人民共和国行政诉讼法》（以下简称行政诉讼法）《中华人民共和国国家赔偿法》（以下简称国家赔偿法）等法律规定，结合行政审判工作实际，制定本规定。

一、受案范围

第一条 国家赔偿法第三条、第四条规定的“其他违法行为”包括以下情形：

（一）不履行法定职责行为；

（二）行政机关及其工作人员在履行行政职责过程中作出的不产生法律效果，但事实上损害公民、法人或者其他组织人身权、财产权等合法权益的行为。

第二条 依据行政诉讼法第一条、第十二条第一款第十二项和国家赔偿法第二条规定，公民、法人或者其他组织认为行政机关及其工作人员违法行使行政职权对其劳动权、相邻权等合法权益造成人身、财产损害的，可以依法提起行政赔偿诉讼。

第三条 赔偿请求人不服赔偿义务机关下列行为的，可以依法提起行政赔偿诉讼：

（一）确定赔偿方式、项目、数额的行政赔偿决定；

（二）不予赔偿决定；

（三）逾期不作出赔偿决定；

（四）其他有关行政赔偿的行为。

第四条 法律规定由行政机关最终裁决的行政行为被确认违法后，赔偿请求人可以单独提起行政赔偿诉讼。

第五条 公民、法人或者其他组织认为国防、外交等国家行为或者行政机关制定发布行政法规、规章或者具有普遍约束力的决定、命令侵犯其合法权益造成损害，向人民法院提起行政赔偿诉讼的，不属于人民法院行政赔偿诉讼的受案范围。

二、诉讼当事人

第六条 公民、法人或者其他组织一并提起行政赔偿诉讼中的当事人地位，按照其在行政诉讼中的地位确定，行政诉讼与行政赔偿诉讼当事人不一致的除外。

第七条 受害的公民死亡，其继承人和其他有扶养关系的人可以提起行政赔偿诉讼，并提供该公民死亡证明、赔偿请求人与死亡公民之间的关系证明。

受害的公民死亡，支付受害公民医疗费、丧葬费等合理费用的人可以依法提起行政赔偿诉讼。

有权提起行政赔偿诉讼的法人或者其他组织分立、合并、终止，承受其权利的法人或者其他组织可以依法提起行政赔偿诉讼。

第八条 两个以上行政机关共同实施侵权行政行为造成损害的，共同侵权行政机关为共同被告。赔偿请求人坚持对其中一个或者几个侵权机关提起行政赔偿诉讼，以被起诉的机关为被告，未被起诉的机关追加为第三人。

第九条 原行政行为造成赔偿请求人损害，复议决定加重损害的，复议机关与原行政行为机关为共同被告。赔偿请求人坚持对作出原行政行为机关或者复议机关提起行政赔偿诉讼，以被起诉的机关为被告，未被起诉的机关追加为第三人。

第十条 行政机关依据行政诉讼法第九十七条的规定申请人民法院强制执行其行政行为，因据以强制执行的行政行为违法而发生行政赔偿诉讼的，申请强制执行的行政机关为被告。

三、证　　据

第十一条 行政赔偿诉讼中，原告应当对行政行为造成的损害提供证据；因被告的原因导致原告无法举证的，由被告承担举证责任。

人民法院对于原告主张的生产和生活所必需物品的合理损失，应当予以支持；对于原告提出的超出生产和生活所必需的其他贵重物品、现金损失，可以结合案件相关证据予以认定。

第十二条 原告主张其被限制人身自由期间受到身体伤害，被告否认相关损害事实或者损害与违法行政行为存在因果关系的，被告应当提供相应的证据证明。

四、起诉与受理

第十三条 行政行为未被确认为违法，公民、法人或者其他组织提起行政赔偿诉讼的，人民法院应当视为提起行政诉讼时一并提起行政赔偿诉讼。

行政行为已被确认为违法，并符合下列条件的，公民、法人或者其他组织可以单独提起行政赔偿诉讼：

（一）原告具有行政赔偿请求资格；

（二）有明确的被告；

（三）有具体的赔偿请求和受损害的事实根据；

（四）赔偿义务机关已先行处理或者超过法定期限不予处理；

（五）属于人民法院行政赔偿诉讼的受案范围和受诉人民法院管辖；

（六）在法律规定的起诉期限内提起诉讼。

第十四条 原告提起行政诉讼时未一并提起行政赔偿诉讼，人民法院审查认为可能存在行政赔偿的，应当告知原告可以一并提起行政赔偿诉讼。

原告在第一审庭审终结前提起行政赔偿诉讼，符合起诉条件的，人民法院应当依法受理；原告在第一审庭审终结后、宣判前提起行政赔偿诉讼的，是否准许由人民法院决定。

原告在第二审程序或者再审程序中提出行政赔偿请求的，人民法院可以组织各方调解；调解不成的，告知其另行起诉。

第十五条 公民、法人或者其他组织应当自知道或者应当知道行政行为侵犯其合法权益之日起两年内，向赔偿义务机关申请行政赔偿。赔偿义务机关在收到赔偿申请之日起两个月内未作出赔偿决定的，公民、法人或者其他组织可以依照行政诉讼法有关规定提起行政赔偿诉讼。

第十六条 公民、法人或者其他组织提起行政诉讼时一并请求行政赔偿的，适用行政诉讼法有关起诉期限的规定。

第十七条 公民、法人或者其他组织仅对行政复议决定中的行政赔偿部分有异议，自复议决定书送达之日起十五日内提起行政赔偿诉讼的，人民法院应当依法受理。

行政机关作出有赔偿内容的行政复议决定时，未告知公民、法人或者其他组织起诉期限的，起诉期限从公民、法人或者其他组织知道或者应当知道起诉期限之日起计算，但从知道或者应当知道行政复议决定内容之日起最长不得超过一年。

第十八条 行政行为被有权机关依照法定程序撤销、变更、确认违法或无效，或者实施行政行为的行政机关工作人员因该行为被生效法律文书或监察机关政务处分确认为渎职、滥用职权的，属于本规定所称的行政行为被确认为违法的情形。

第十九条 公民、法人或者其他组织一并提起行政赔偿诉讼，人民法院经审查认为行政诉讼不符合起诉条件的，对一并提起的行政赔偿诉讼，裁定不予立案；已经立案的，裁定驳回起诉。

第二十条 在涉及行政许可、登记、征收、征用和行政机关对民事争议所作的裁决的行政案件中，原告提起行政赔偿诉讼的同时，有关当事人申请一并解决相关民事争议的，人民法院可以一并审理。

五、审理和判决

第二十一条 两个以上行政机关共同实施违法行政行为，或者行政机关及其工作人员与第三人恶意串通作出的违法行政行为，造成公民、法人或者其他组织人身权、财产权等合法权益实际损害的，应当承担连带赔偿责任。

一方承担连带赔偿责任后，对于超出其应当承担部分，可以向其他连带责任人追偿。

第二十二条 两个以上行政机关分别实施违法行政行为造成同一损害，每个行政机关的违法行为都足以造成全部损害的，各个行政机关承担连带赔偿责任。

两个以上行政机关分别实施违法行政行为造成同一损害的，人民法院应当根据其违法行政行为在损害发生和结果中的作用大小，确定各自承担相应的行政赔偿责任；难以确定责任大小的，平均承担责任。

第二十三条 由于第三人提供虚假材料，导致行政机关作出的行政行为违法，造成公民、法人或者其他组织损害的，人民法院应当根据违法行政行为在损害发生和结果中的作用大小，确定行政机关承担相应的行政赔偿责任；行政机关已经尽到审慎审查义务的，不承担行政赔偿责任。

第二十四条 由于第三人行为造成公民、法人或者其他组织损害的，应当由第三人依法承担侵权赔偿责任；第三人赔偿不足、无力承担赔偿责任或者下落不明，行政机关又未尽保护、监管、救助等法定义务的，人民法院应当根据行政机关未尽法定义务在损害发生和结果中的作用大小，确定其承担相应的行政赔偿责任。

第二十五条 由于不可抗力等客观原因造成公民、法人或者其他组织损害，行政机关不依法履行、拖延履行法定义务导致未能及时止损或者损害扩大的，人民法院应当根据行政机关不依法履行、拖延履行法定义务行为在损害发生和结果中的作用大小，确定其承担相应的行政赔偿责任。

第二十六条 有下列情形之一的，属于国家赔偿法第三十五条规定的“造成严重后果”：

（一）受害人被非法限制人身自由超过六个月；

（二）受害人经鉴定为轻伤以上或者残疾；

（三）受害人经诊断、鉴定为精神障碍或者精神残疾，且与违法行政行为存在关联；

（四）受害人名誉、荣誉、家庭、职业、教育等方面遭受严重损害，且与违法行政行为存在关联。

有下列情形之一的，可以认定为后果特别严重：

（一）受害人被限制人身自由十年以上；

（二）受害人死亡；

（三）受害人经鉴定为重伤或者残疾一至四级，且生活不能自理；

（四）受害人经诊断、鉴定为严重精神障碍或者精神残疾一至二级，生活不能自理，且与违法行政行为存在关联。

第二十七条 违法行政行为造成公民、法人或者其他组织财产损害，不能返还财产或者恢复原状的，按照损害发生时该财产的市场价格计算损失。市场价格无法确定，或者该价格不足以弥补公民、法人或者其他组织损失的，可以采用其他合理方式计算。

违法征收征用土地、房屋，人民法院判决给予被征收人的行政赔偿，不得少于被征收人依法应当获得的安置补偿权益。

第二十八条 下列损失属于国家赔偿法第三十六条第六项规定的“停产停业期间必要的经常性费用开支”：

（一）必要留守职工的工资；

（二）必须缴纳的税款、社会保险费；

（三）应当缴纳的水电费、保管费、仓储费、承包费；

（四）合理的房屋场地租金、设备租金、设备折旧费；

（五）维系停产停业期间运营所需的其他基本开支。

第二十九条 下列损失属于国家赔偿法第三十六条第八项规定的“直接损失”：

（一）存款利息、贷款利息、现金利息；

（二）机动车停运期间的营运损失；

（三）通过行政补偿程序依法应当获得的奖励、补贴等；

（四）对财产造成的其他实际损失。

第三十条 被告有国家赔偿法第三条规定情形之一，致人精神损害的，人民法院应当判决其在违法行政行为影响的范围内，为受害人消除影响、恢复名誉、赔礼道歉；消除影响、恢复名誉和赔礼道歉的履行方式，可以双方协商，协商不成的，人民法院应当责令被告以适当的方式履行。造成严重后果的，应当判决支付相应的精神损害抚慰金。

第三十一条 人民法院经过审理认为被告对公民、法人或者其他组织造成财产损害的，判决被告限期返还财产、恢复原状；无法返还财产、恢复原状的，判决被告限期支付赔偿金和相应的利息损失。

人民法院审理行政赔偿案件，可以对行政机关赔偿的方式、项目、标准等予以明确，赔偿内容确定的，应当作出具有赔偿金额等给付内容的判决；行政赔偿决定对赔偿数额的确定确有错误的，人民法院判决予以变更。

第三十二条 有下列情形之一的，人民法院判决驳回原告的行政赔偿请求：

（一）原告主张的损害没有事实根据的；

（二）原告主张的损害与违法行政行为没有因果关系的；

（三）原告的损失已经通过行政补偿等其他途径获得充分救济的；

（四）原告请求行政赔偿的理由不能成立的其他情形。

六、其　　他

第三十三条 本规定自2022年5月1日起施行。《最高人民法院关于审理行政赔偿案件若干问题的规定》（法发〔1997〕10号）同时废止。

本规定实施前本院发布的司法解释与本规定不一致的，以本规定为准。

公安机关办理国家赔偿案件程序规定

（2018年9月1日公安部令第150号公布　自2018年10月1日起施行）

第一章　总　　则

第一条 为了规范公安机关办理国家赔偿案件程序，促进公安机关在办理国家赔偿案件中正确履行职责，保障公民、法人和其他组织享有依法取得国家赔偿的权利，根据《中华人民共和国国家赔偿法》（以下简称《国家赔偿法》）和《国家赔偿费用管理条例》等有关法律、行政法规，制定本规定。

第二条 本规定所称国家赔偿案件，是指行政赔偿案件、刑事赔偿案件和刑事赔偿复议案件。

第三条 公安机关办理国家赔偿案件应当坚持实事求是、依法公正、规范高效、有错必纠的原则。

第四条 公安机关法制部门是办理国家赔偿案件的主管部门，依法履行下列职责：

（一）接收赔偿申请，审查赔偿请求和事实理由，履行相关法律手续；

（二）接收刑事赔偿复议申请，审查复议请求和事实理由，履行相关法律手续；

（三）接收并审查支付赔偿费用申请，接收并审查对支付赔偿费用申请不予受理决定的复核申请；

（四）参加人民法院审理赔偿案件活动；

（五）提出追偿赔偿费用意见，接收并审查对追偿赔偿费用不服的申诉；

（六）其他应当履行的职责。

第五条 公安机关相关部门应当按照职责分工，配合法制部门共同做好国家赔偿案件办理工作。

执法办案部门负责提供赔偿请求所涉职权行为的情况及相关材料，与法制部门共同研究案情，共同参加人民法院审理赔偿案件活动。

装备财务（警务保障）部门负责向财政部门申请支付赔偿费用，向赔偿请求人支付赔偿费用，将追偿的赔偿费用上缴财政部门。

第二章 行政赔偿和刑事赔偿

第一节 申请和受理

第六条 赔偿请求人申请赔偿，应当向赔偿义务机关提出。

公安机关及其工作人员行使职权侵犯公民、法人或者其他组织合法权益，造成损害的，该公安机关为赔偿义务机关。

公安机关内设机构和派出机构及其工作人员有前款情形的，所属公安机关为赔偿义务机关。

看守所、拘留所、强制隔离戒毒所等羁押监管场所及其工作人员有第二款情形的，主管公安机关为赔偿义务机关。

第七条 申请赔偿应当提交赔偿申请书，载明受害人的基本情况、赔偿请求、事实根据和理由、申请日期，并由赔偿请求人签名、盖章或者捺指印。

赔偿请求人书写确有困难的，可以口头申请。赔偿义务机关法制部门应当制作笔录，经赔偿请求人确认无误后签名、盖章或者捺指印。

第八条 申请赔偿除提交赔偿申请书外，还应当提交下列材料：

（一）赔偿请求人的身份证明材料。赔偿请求人不是受害人本人的，提供与受害人关系的证明。赔偿请求人委托他人代理赔偿请求事项的，提交授权委托书，以及代理人的身份证明；代理人为律师的，同时提交律师执业证明及律师事务所证明；

（二）赔偿请求所涉职权行为的法律文书或者其他证明材料；

（三）赔偿请求所涉职权行为造成损害及其程度的证明材料。

不能提交前款第二项、第三项所列材料的，赔偿请求人应当书面说明情况和理由。

第九条 赔偿义务机关法制部门收到当面递交赔偿申请的，应当当场出具接收凭证。

赔偿义务机关其他部门遇有赔偿请求人当面递交或者口头提出赔偿申请的，应当当场联系法制部门接收；收到以邮寄或者其他方式递交的赔偿申请，应当自收到之日起二个工作日内转送法制部门。

第十条 赔偿义务机关法制部门收到赔偿申请后，应当在五个工作日内予以审查，并分别作出下列处理：

（一）申请材料不齐全或者表述不清楚的，经本部门负责人批准，一次性书面告知赔偿请求人需要补正的全部事项和合理的补正期限；

（二）不符合申请条件的，经本机关负责人批准，决定不予受理并书面告知赔偿请求人；

（三）除第一项、第二项情形外，自赔偿义务机关法制部门收到申请之日起即为受理。

第十一条 有下列情形之一的，赔偿申请不符合申请条件：

（一）本机关不是赔偿义务机关的；

（二）赔偿请求人不适格的；

（三）赔偿请求事项不属于国家赔偿范围的；

（四）超过请求时效且无正当理由的；

（五）基于同一事实的赔偿请求已经通过申请行政复议或者提起行政诉讼提出，正在审理或者已经作出予以赔偿、不予赔偿结论的；

（六）赔偿申请应当在终止追究刑事责任后提出，有证据证明尚未终止追究刑事责任的。

赔偿申请受理后，发现有前款情形之一的，赔偿义务机关应当在受理之日起两个月内，经本机关负责人批准，驳回赔偿申请。

对于第一款第六项情形，决定不予受理或者驳回申请的，同时告知赔偿请求人在终止追究刑事责任后重新申请。

第十二条 赔偿请求人在补正期限内对赔偿申请予以补正的，赔偿义务机关法制部门应当自收到之日起五个工作日内予以审查。不符合申请条件的，经本机关负责人批准，决定不予受理并书面告知赔偿请求人。未书面告知不予受理的，自赔偿义务机关法制部门收到补正材料之日起即为受理。

赔偿义务机关法制部门在补正期限届满后第十个工作日仍未收到补正材料的，应当自该日起五个工作日内，对已经提交的赔偿申请予以审查。不符合申请条件的，经本机关负责人批准，决定不予受理并书面告知赔偿请求人。未书面告知不予受理的，自补正期限届满后第十个工作日起即为受理。

第十三条 赔偿义务机关对赔偿请求已作出处理，赔偿请求人无正当理由基于同一事实再次申请赔偿的，不再处理。

第二节 审 查

第十四条 赔偿义务机关法制部门应当自赔偿申请受理之日起五个工作日内，将申请材料副本送赔偿请求所涉执法办案部门。执法办案部门应当自收到之日起十个工作日内向法制部门作出书面答复，并提供赔偿请求所涉职权行为的证据、依据和其他材料。

第十五条 赔偿义务机关应当全面审查赔偿请求的事实、证据和理由。重点查明下列事项：

（一）赔偿请求所涉职权行为的合法性；

（二）侵害事实、损害后果及因果关系；

（三）是否具有国家不承担赔偿责任的法定情形。

除前款所列查明事项外，赔偿义务机关还应当按照本规定第十六条至第十九条的规定，分别重点审查有关事项。

第十六条 赔偿请求人主张人身自由权赔偿的，重点审查赔偿请求所涉限制人身自由的起止时间。

第十七条 赔偿请求人主张生命健康权赔偿的，重点审查下列事项：

（一）诊断证明、医疗费用凭据，以及护理、康复、后续治疗的证明；

（二）死亡证明书，伤残、部分或者全部丧失劳动能力的鉴定意见。

赔偿请求提出因误工减少收入的，还应当审查收入证明、误工证明等。受害人死亡或者全部丧失劳动能力的，还应当审查其是否扶养未成年人或者其他无劳动能力人，以及所承担的扶养义务。

第十八条 赔偿请求人主张财产权赔偿的，重点审查下列事项：

（一）查封、扣押、冻结、收缴、追缴、没收的财物不能恢复原状或者灭失的，财物损失发生时的市场价格；查封、扣押、冻结、收缴、追缴、没收的财物被拍卖或者变卖的，拍卖或者变卖及其价格的证明材料，以及变卖时的市场价格；

（二）停产停业期间必要经常性开支的证明材料。

第十九条 赔偿请求人主张精神损害赔偿的，重点审查下列事项：

（一）是否存在《国家赔偿法》第三条或者第十七条规定的侵犯人身权行为；

（二）精神损害事实及后果；

（三）侵犯人身权行为与精神损害事实及后果的因果关系。

第二十条 赔偿审查期间，赔偿请求人可以变更赔偿请求。赔偿义务机关认为赔偿请求人提出的赔偿请求事项不全或者不准确的，可以告知赔偿请求人在审查期限届满前变更赔偿请求。

第二十一条 赔偿审查期间，赔偿义务机关法制部门可以调查核实情况，收集有关证据。有关单位和人员应当予以配合。

第二十二条 对赔偿请求所涉职权行为，有权机关已经作出生效法律结论，该结论所采信的证据可以作为赔偿审查的证据。

第二十三条 赔偿审查期间，有下列情形之一的，经赔偿义务机关负责人批准，中止审查并书面告知有关当事人：

（一）作为赔偿请求人的公民丧失行为能力，尚未确定法定代理人的；

（二）作为赔偿请求人的公民下落不明或者被宣告失踪的；

（三）作为赔偿请求人的公民死亡，其继承人和其他有扶养关系的亲属尚未确定是否参加赔偿审查的；

（四）作为赔偿请求人的法人或者其他组织终止，尚未确定权利义务承受人，或者权利义务承受人尚未确定是否参加赔偿审查的；

（五）赔偿请求人因不可抗力不能参加赔偿审查的；

（六）赔偿审查涉及法律适用问题，需要有权机关作出解释或者确认的；

（七）赔偿审查需要以其他尚未办结案件的结果为依据的；

（八）其他需要中止审查的情形。

中止审查的情形消除后，应当在二个工作日内恢复审查，并书面告知有关当事人。

中止审查不符合第一款规定的，应当立即恢复审查。不恢复审查的，上一级公安机关应当责令恢复审查。

第二十四条 赔偿审查期间，有下列情形之一的，经赔偿义务机关负责人批准，终结审查并书面告知有关当事人：

（一）作为赔偿请求人的公民死亡，没有继承人和其他有扶养关系的亲属，或者继承人和其他有扶养关系的亲属放弃要求赔偿权利的；

（二）作为赔偿请求人的法人或者其他组织终止，没有权利义务承受人，或者权利义务承受人放弃要求赔偿权利的；

（三）赔偿请求人自愿撤回赔偿申请的。

前款第一项中的继承人和其他有扶养关系的亲属、第二项中的权利义务承受人、第三项中的赔偿请求人为数人，非经全体同意放弃要求赔偿权利或者撤回赔偿申请的，不得终结审查。

第三节 决　　定

第二十五条 对受理的赔偿申请，赔偿义务机关应当自受理之日起两个月内，经本机关负责人批准，分别作出下列决定：

（一）违法行使职权造成侵权的事实清楚，应当予以赔偿的，作出予以赔偿的决定，并载明赔偿方式、项目和数额；

（二）违法行使职权造成侵权的事实不成立，或者具有国家不承担赔偿责任法定情形的，作出不予赔偿的决定。

按照前款第一项作出决定，不限于赔偿请求人主张的赔偿方式、项目和数额。

第二十六条 在查清事实的基础上，对应当予以赔偿的，赔偿义务机关应当充分听取赔偿请求人的意见，可以就赔偿方式、项目和数额在法定范围内进行协商。

协商应当遵循自愿、合法原则。协商达成一致的，赔偿义务机关应当按照协商结果作出赔偿决定；赔偿请求人不同意协商，或者协商未达成一致，或者赔偿请求人在赔偿决定作出前反悔的，赔偿义务机关应当依法作出赔偿决定。

第二十七条 侵犯公民人身自由的每日赔偿金，按照作出决定时的国家上年度职工日平均工资计算。

作出决定时国家上年度职工日平均工资尚未公布的，以公布的最近年度职工日平均工资为准。

第二十八条 执行行政拘留或者采取刑事拘留措施被决定赔偿的，计算赔偿金的天数按照实际羁押的天数计算。羁押时间不足一日的，按照一日计算。

第二十九条 依法应当予以赔偿但赔偿请求人所受损害的程度因客观原

因无法确定的，赔偿数额应当结合赔偿请求人的主张和在案证据，运用逻辑推理和生活经验、生活常识等酌情确定。

第三十条 赔偿请求人主张精神损害赔偿的，作出决定应当载明是否存在精神损害并承担赔偿责任。承担精神损害赔偿责任的，应当载明消除影响、恢复名誉、赔礼道歉等承担方式；支付精神损害抚慰金的，应当载明具体数额。

精神损害抚慰金数额的确定，可以参照人民法院审理国家赔偿案件适用精神损害赔偿的规定，综合考虑精神损害事实和严重后果，侵权手段、方式等具体情节，纠错环节及过程，赔偿请求人住所地或者经常居住地平均生活水平，赔偿义务机关所在地平均生活水平等因素。法律法规对精神损害抚慰金的数额作出规定的，从其规定。

第三十一条 赔偿义务机关对行政赔偿请求作出不予受理、驳回申请、终结审查、予以赔偿、不予赔偿决定，或者逾期未作决定，赔偿请求人不服的，可以依照《国家赔偿法》第十四条规定提起行政赔偿诉讼。

赔偿义务机关对刑事赔偿请求作出不予受理、驳回申请、终结审查、予以赔偿、不予赔偿决定，或者逾期未作决定，赔偿请求人不服的，可以依照《国家赔偿法》第二十四条规定申请刑事赔偿复议。

第三章　刑事赔偿复议

第一节　申请和受理

第三十二条 赔偿请求人申请刑事赔偿复议，应当向赔偿义务机关的上一级公安机关提出。赔偿义务机关是公安部的，向公安部提出。

第三十三条 申请刑事赔偿复议应当提交复议申请书，载明受害人的基本情况、复议请求、事实根据和理由、申请日期，并由赔偿请求人签名、盖章或者捺指印。

赔偿请求人书写确有困难的，可以口头申请。复议机关法制部门应当制作笔录，经赔偿请求人确认无误后签名、盖章或者捺指印。

第三十四条 申请刑事赔偿复议除提交复议申请书外，还应当提交下列材料：

（一）赔偿请求人的身份证明材料。赔偿请求人不是受害人本人的，提供与受害人关系的证明。赔偿请求人委托他人代理复议事项的，提交授权委托书，以及代理人的身份证明。代理人为律师的，同时提交律师执业证明及律师事务所证明；

（二）向赔偿义务机关提交的赔偿申请材料及申请赔偿的证明材料；

（三）赔偿义务机关就赔偿申请作出的决定书。赔偿义务机关逾期未作决定的除外。

第三十五条 复议机关法制部门收到当面递交复议申请的，应当当场出具接收凭证。

复议机关其他部门遇有赔偿请求人当面递交或者口头提出复议申请的，应当当场联系法制部门接收；收到以其他方式递交复议申请的，应当自收到之日起二个工作日内转送法制部门。

第三十六条 复议机关法制部门收到复议申请后，应当在五个工作日内予以审查，并分别作出下列处理：

（一）申请材料不齐全或者表述不清楚的，经本部门负责人批准，一次性书面告知赔偿请求人需要补正的全部事项和合理的补正期限；

（二）不符合申请条件的，经本机关负责人批准，决定不予受理并书面告知赔偿请求人；

（三）除第一项、第二项情形外，自复议机关法制部门收到申请之日起即为受理。

第三十七条 有下列情形之一的，复议申请不符合申请条件：

（一）本机关不是复议机关的；

（二）赔偿请求人申请复议不适格的；

（三）不属于复议范围的；

（四）超过申请复议法定期限且无正当理由的；

（五）申请复议前未向赔偿义务机关申请赔偿的；

（六）赔偿义务机关对赔偿申请未作出决定但审查期限尚未届满的。

复议申请受理后，发现有前款情形之一的，复议机关应当在受理之日起两个月内，经本机关负责人批准，驳回复议申请。

第三十八条 赔偿请求人在补正期限内对复议申请予以补正的，复议机关法制部门应当自收到之日起五个工作日内予以审查。不符合申请条件的，经本机关负责人批准，决定不予受理并书面告知赔偿请求人。未书面告知不予受理的，自复议机关法制部门收到补正材料之日起即为受理。

复议机关法制部门在补正期限届满后第十个工作日仍未收到补正材料的，应当自该日起五个工作日内，对已经提交的复议申请予以审查。不符合申请条件的，经本机关负责人批准，决定不予受理并书面告知赔偿请求人。未书面告知不予受理的，自补正期限届满后第十个工作日之日起即为受理。

第三十九条 复议机关对复议申请已作出处理，赔偿请求人无正当理由基于同一事实再次申请复议的，不再处理。

第二节　审　　查

第四十条　复议机关法制部门应当自复议申请受理之日起五个工作日内，将申请材料副本送赔偿义务机关。赔偿义务机关应当自收到之日起十个工作日内向复议机关作出书面答复，并提供相关证据、依据和其他材料。

第四十一条　复议机关应当全面审查赔偿义务机关是否按照本规定第二章的规定对赔偿申请作出处理。

第四十二条　赔偿请求人申请复议时变更向赔偿义务机关提出的赔偿请求，或者在复议审查期间变更复议请求的，复议机关应当予以审查。

复议机关认为赔偿请求人提出的复议请求事项不全或者不准确的，可以告知赔偿请求人在审查期限届满前变更复议请求。

第四十三条　赔偿请求人和赔偿义务机关对自己的主张负有举证责任。没有证据或者证据不足以证明事实主张的，由负有举证责任的一方承担不利后果。

赔偿义务机关对其职权行为的合法性，以及《国家赔偿法》第二十六条第二款规定的情形负有举证责任。赔偿请求人可以提供证明赔偿义务机关职权行为违法的证据，但不因此免除赔偿义务机关的举证责任。

第四十四条　复议审查期间，复议机关法制部门可以调查核实情况，收集有关证据。有关单位和人员应当予以配合。

第四十五条　复议审查期间，有下列情形之一的，经复议机关负责人批准，中止审查并书面告知有关当事人：

（一）作为赔偿请求人的公民丧失行为能力，尚未确定法定代理人的；

（二）作为赔偿请求人的公民下落不明或者被宣告失踪的；

（三）作为赔偿请求人的公民死亡，其继承人和其他有扶养关系的亲属尚未确定是否参加复议审查的；

（四）作为赔偿请求人的法人或者其他组织终止，尚未确定权利义务承受人，或者权利义务承受人尚未确定是否参加复议审查的；

（五）赔偿请求人因不可抗力不能参加复议审查的；

（六）复议审查涉及法律适用问题，需要有权机关作出解释或者确认的；

（七）复议审查需要以其他尚未办结案件的结果为依据的；

（八）其他需要中止审查的情形。

中止审查的情形消除后，应当在二个工作日内恢复审查，并书面告知有关当事人。

中止审查不符合第一款规定的，应当立即恢复审查。不恢复审查的，上一级公安机关应当责令恢复审查。

第四十六条 复议审查期间，有下列情形之一的，经复议机关负责人批准，终结审查并书面告知有关当事人：

（一）作为赔偿请求人的公民死亡，没有继承人和其他有扶养关系的亲属，或者继承人和其他有扶养关系的亲属放弃复议权利的；

（二）作为赔偿请求人的法人或者其他组织终止，没有权利义务承受人，或者权利义务承受人放弃复议权利的；

（三）赔偿请求人自愿撤回复议申请的。

前款第一项中的继承人和其他有扶养关系的亲属、第二项中的权利义务承受人、第三项中的赔偿请求人为数人，非经全体同意放弃复议权利或者撤回复议申请的，不得终结审查。

第三节 决 定

第四十七条 对受理的复议申请，复议机关应当自受理之日起两个月内，经本机关负责人批准作出决定。

第四十八条 复议机关可以组织赔偿义务机关与赔偿请求人就赔偿方式、项目和数额在法定范围内进行调解。

调解应当遵循自愿、合法的原则。经调解达成一致的，复议机关应当按照调解结果作出复议决定。赔偿请求人或者赔偿义务机关不同意调解，或者调解未达成一致，或者一方在复议决定作出前反悔的，复议机关应当依法作出复议决定。

第四十九条 对赔偿义务机关作出的予以赔偿或者不予赔偿决定，分别作出下列决定：

（一）认定事实清楚，适用法律正确，符合法定程序的，予以维持；

（二）认定事实清楚，适用法律正确，但违反法定程序的，维持决定结论并确认程序违法；

（三）认定事实不清、适用法律错误或者据以作出决定的法定事由发生变化的，依法重新作出决定或者责令限期重作。

第五十条 对赔偿义务机关作出的不予受理、驳回申请、终结审查决定，分别作出下列决定：

（一）符合规定情形和程序的，予以维持；

（二）符合规定情形，但违反规定程序的，维持决定结论并确认程序违法；

（三）不符合规定情形，或者据以作出决定的法定事由发生变化的，责令继续审查或者依法重新作出决定。

第五十一条 赔偿义务机关逾期未作出决定的，责令限期作出决定或者依法作出决定。

第五十二条 复议机关作出不予受理、驳回申请、终结审查、复议决定，或者逾期未作决定，赔偿请求人不服的，可以依照《国家赔偿法》第二十五条规定，向复议机关所在地的同级人民法院赔偿委员会申请作出赔偿决定。

第四章 执 行

第五十三条 赔偿义务机关必须执行生效赔偿决定、复议决定、判决和调解。

第五十四条 生效赔偿决定、复议决定、判决和调解按照下列方式执行：

（一）要求返还财物或者恢复原状的，赔偿请求所涉赔偿义务机关执法办案部门应当在三十日内办结。情况复杂的，经本机关负责人批准，可以延长三十日。

（二）要求支付赔偿金的，赔偿义务机关法制部门应当依照《国家赔偿费用管理条例》的规定，将生效的赔偿决定书、复议决定书、判决书和调解书等有关材料提供给装备财务（警务保障）部门，装备财务（警务保障）部门报经本机关负责人批准后，依照预算管理权限向财政部门提出书面支付申请并提供有关材料。

（三）要求为赔偿请求人消除影响、恢复名誉、赔礼道歉的，赔偿义务机关或者其负责人应当及时执行。

第五十五条 财政部门告知赔偿义务机关补正申请材料的，赔偿义务机关装备财务（警务保障）部门应当会同法制部门自收到告知之日起五个工作日内按照要求补正材料并提交财政部门。

第五十六条 财政部门向赔偿义务机关支付赔偿金的，赔偿义务机关装备财务（警务保障）部门应当及时向赔偿请求人足额支付赔偿金，不得拖延、截留。

第五十七条 赔偿义务机关支付赔偿金后，应当依照《国家赔偿法》第十六条第一款、第三十一条第一款的规定，向责任人员追偿部分或者全部赔偿费用。

第五十八条 追偿赔偿费用由赔偿义务机关法制部门会同赔偿请求所涉执法办案部门等有关部门提出追偿意见，经本机关主要负责人批准，由装备财务（警务保障）部门书面通知有预算管理权限的财政部门，并责令被追偿人缴纳追偿赔偿费用。

追偿数额的确定，应当综合考虑赔偿数额，以及被追偿人过错程度、损害后果等因素确定，并为被追偿人及其扶养的家属保留必需的生活费用。

第五十九条 被追偿人对追偿赔偿费用不服的，可以向赔偿义务机关或者其上一级公安机关申诉。

第六十条 赔偿义务机关装备财务（警务保障）部门应当依照相关规定，将追偿的赔偿费用上缴有预算管理权限的财政部门。

第五章 责任追究

第六十一条 有下列情形之一的，对直接负责的主管人员或者其他直接责任人员，依照有关规定给予行政纪律处分或者作出其他处理：

（一）未按照本规定对赔偿申请、复议申请作出处理的；

（二）不配合或者阻挠国家赔偿办案人员调查取证，不提供有关情况和证明材料，或者提供虚假材料的；

（三）未按照本规定执行生效赔偿决定、复议决定、判决和调解的；

（四）未按照本规定上缴追偿赔偿费用的；

（五）办理国家赔偿案件的其他渎职、失职行为。

第六十二条 公安机关工作人员在办理国家赔偿案件中，徇私舞弊，打击报复赔偿请求人的，依照有关规定给予行政纪律处分；构成犯罪的，依法追究刑事责任。

第六章 附 则

第六十三条 下列情形所需时间，不计入国家赔偿审查期限：

（一）向赔偿请求人调取证据材料的；

（二）涉及专门事项委托鉴定、评估的。

赔偿请求人在国家赔偿审查期间变更请求的，审查期限从公安机关收到之日起重新计算。

第六十四条 公安机关按照本规定制作的法律文书，应当加盖本机关印章或者国家赔偿专用章。中止审查、终结审查、驳回申请、赔偿决定、复议决定的法律文书，应当自作出之日起十日内送达。

第六十五条 本规定自 2018 年 10 月 1 日起施行。2014 年 6 月 1 日施行的《公安机关办理国家赔偿案件程序规定》同时废止。

人民检察院国家赔偿工作规定

（2010年11月11日最高人民检察院第十一届检察委员会第四十六次会议通过　2010年11月22日最高人民检察院公布　自2010年12月1日起施行　高检发〔2010〕29号）

第一章　总　　则

第一条　为了保障公民、法人和其他组织享有依法取得国家赔偿的权利，促进国家机关及其工作人员依法行使职权、公正执法，根据《中华人民共和国国家赔偿法》及有关法律，制定本规定。

第二条　人民检察院通过办理检察机关作为赔偿义务机关的刑事赔偿案件，并对人民法院赔偿委员会决定和行政赔偿诉讼依法履行法律监督职责，保障国家赔偿法的统一正确实施。

第三条　人民检察院国家赔偿工作办公室统一办理检察机关作为赔偿义务机关的刑事赔偿案件、对人民法院赔偿委员会决定提出重新审查意见的案件，以及对人民法院行政赔偿判决、裁定提出抗诉的案件。

人民检察院相关部门应当按照内部分工，协助国家赔偿工作办公室依法办理国家赔偿案件。

第四条　人民检察院国家赔偿工作应当坚持依法、公正、及时的原则。

第五条　上级人民检察院监督、指导下级人民检察院依法办理国家赔偿案件。上级人民检察院在办理国家赔偿案件时，对下级人民检察院作出的相关决定，有权撤销或者变更；发现下级人民检察院已办结的国家赔偿案件确有错误，有权指令下级人民检察院纠正。

赔偿请求人向上级人民检察院反映下级人民检察院在办理国家赔偿案件中存在违法行为的，上级人民检察院应当受理，并依法、及时处理。对依法应予赔偿而拒不赔偿，或者打击报复赔偿请求人的，应当依照有关规定追究相关领导和其他直接责任人员的责任。

第二章　立　　案

第六条　赔偿请求人提出赔偿申请的，人民检察院应当受理，并接收下列材料：

（一）刑事赔偿申请书。刑事赔偿申请书应当载明受害人的基本情况，具体要求、事实根据和理由，申请的时间。赔偿请求人书写申请书确有困难的，可以委托他人代书；也可以口头申请。口头提出申请的，应当问明有关情况并制作笔录，由赔偿请求人签名或者盖章。

（二）赔偿请求人和代理人的身份证明材料。赔偿请求人不是受害人本人的，应当要求其说明与受害人的关系，并提供相应证明。赔偿请求人委托他人代理赔偿申请事项的，应当要求其提交授权委托书，以及代理人和被代理人身份证明原件。代理人为律师的，应当同时提供律师执业证及律师事务所介绍函。

（三）证明原案强制措施的法律文书。

（四）证明原案处理情况的法律文书。

（五）证明侵权行为造成损害及其程度的法律文书或者其他材料。

（六）赔偿请求人提供的其他相关材料。

赔偿请求人或者其代理人当面递交申请书或者其他申请材料的，人民检察院应当当场出具加盖本院专用印章并注明收讫日期的《接收赔偿申请材料清单》。申请材料不齐全的，应当当场或者在五日内一次性明确告知赔偿请求人需要补充的全部相关材料。

第七条 人民检察院收到赔偿申请后，国家赔偿工作办公室应当填写《受理赔偿申请登记表》。

第八条 同时符合下列各项条件的赔偿申请，应当立案：

（一）依照国家赔偿法第十七条第一项、第二项规定请求人身自由权赔偿的，已决定撤销案件、不起诉或者判决宣告无罪终止追究刑事责任；依照国家赔偿法第十七条第四项、第五项规定请求生命健康权赔偿的，有伤情、死亡证明；依照国家赔偿法第十八条第一项规定请求财产权赔偿的，刑事诉讼程序已经终结，但已查明该财产确与案件无关的除外；

（二）本院为赔偿义务机关；

（三）赔偿请求人具备国家赔偿法第六条规定的条件；

（四）在国家赔偿法第三十九条规定的请求赔偿时效内；

（五）请求赔偿的材料齐备。

第九条 对符合立案条件的赔偿申请，人民检察院应当立案，并在收到赔偿申请之日起五日内，将《刑事赔偿立案通知书》送达赔偿请求人。

立案应当经部门负责人批准。

第十条 对不符合立案条件的赔偿申请，应当分别下列不同情况予以处理：

（一）尚未决定撤销案件、不起诉或者判决宣告无罪终止追究刑事责任而请求人身自由权赔偿的，没有伤情、死亡证明而请求生命健康权赔偿的，刑事诉讼程序尚未终结而请求财产权赔偿的，告知赔偿请求人不符合立案条件，可在具备立案条件后再申请赔偿；

（二）不属于人民检察院赔偿的，告知赔偿请求人向负有赔偿义务的机关提出；

（三）本院不负有赔偿义务的，告知赔偿请求人向负有赔偿义务的人民检察院提出，或者移送负有赔偿义务的人民检察院，并通知赔偿请求人；

（四）赔偿请求人不具备国家赔偿法第六条规定条件的，告知赔偿请求人；

（五）对赔偿请求已过法定时效的，告知赔偿请求人已经丧失请求赔偿权。

对上列情况，均应当填写《审查刑事赔偿申请通知书》，并说明理由，在收到赔偿申请之日起五日内送达赔偿请求人。

第十一条 当事人、其他直接利害关系人或者其近亲属认为人民检察院扣押、冻结、保管、处理涉案款物侵犯自身合法权益或者有违法情形，向人民检察院投诉，并在刑事诉讼程序终结后又申请刑事赔偿的，尚未办结的投诉程序应当终止，负责办理投诉的部门应当将相关材料移交被请求赔偿的人民检察院国家赔偿工作办公室，依照刑事赔偿程序办理。

第三章 审查决定

第十二条 对已经立案的赔偿案件应当全面审查案件材料，必要时可以调取有关的案卷材料，也可以向原案件承办部门和承办人员等调查、核实有关情况，收集有关证据。原案件承办部门和承办人员应当协助、配合。

第十三条 对请求生命健康权赔偿的案件，人民检察院对是否存在违法侵权行为尚未处理认定的，国家赔偿工作办公室应当在立案后三日内将相关材料移送本院监察部门和渎职侵权检察部门，监察部门和渎职侵权检察部门应当在三十日内提出处理认定意见，移送国家赔偿工作办公室。

第十四条 审查赔偿案件，应当查明以下事项：

（一）是否存在国家赔偿法规定的损害行为和损害结果；

（二）损害是否为检察机关及其工作人员行使职权造成；

（三）侵权的起止时间和造成损害的程度；

（四）是否属于国家赔偿法第十九条规定的国家不承担赔偿责任的情形；

（五）其他需要查明的事项。

第十五条 人民检察院作出赔偿决定，应当充分听取赔偿请求人的意见，并制作笔录。

第十六条 对存在国家赔偿法规定的侵权损害事实，依法应当予以赔偿的，人民检察院可以与赔偿请求人就赔偿方式、赔偿项目和赔偿数额，依照国家赔偿法有关规定进行协商，并制作笔录。

人民检察院与赔偿请求人进行协商，应当坚持自愿、合法原则。禁止胁迫赔偿请求人放弃赔偿申请，禁止违反国家赔偿法规定进行协商。

第十七条 对审查终结的赔偿案件，应当制作赔偿案件审查终结报告，载明原案处理情况、赔偿请求人意见和协商情况，提出是否予以赔偿以及赔偿的方式、项目和数额等具体处理意见，经部门集体讨论、负责人审核后，报检察长决定。重大、复杂案件，由检察长提交检察委员会审议决定。

第十八条 审查赔偿案件，应当根据下列情形分别作出决定：

（一）请求赔偿的侵权事项事实清楚，应当予以赔偿的，依法作出赔偿的决定；

（二）请求赔偿的侵权事项事实不存在，或者不属于国家赔偿范围的，依法作出不予赔偿的决定。

第十九条 办理赔偿案件的人民检察院应当自收到赔偿申请之日起二个月内，作出是否赔偿的决定，制作《刑事赔偿决定书》，并自作出决定之日起十日内送达赔偿请求人。

人民检察院与赔偿请求人协商的，不论协商后是否达成一致意见，均应当制作《刑事赔偿决定书》。

人民检察院决定不予赔偿的，应当在《刑事赔偿决定书》中载明不予赔偿的理由。

第二十条 人民检察院送达刑事赔偿决定书，应当向赔偿请求人说明法律依据和事实证据情况，并告知赔偿请求人如对赔偿决定有异议，可以自收到决定书之日起三十日内向上一级人民检察院申请复议；如对赔偿决定没有异议，要求依照刑事赔偿决定书支付赔偿金的，应当提出支付赔偿金申请。

第四章　复　　议

第二十一条 人民检察院在规定期限内未作出赔偿决定的，赔偿请求人可以自期限届满之日起三十日内向上一级人民检察院申请复议。

人民检察院作出不予赔偿决定的，或者赔偿请求人对赔偿的方式、项目、数额有异议的，赔偿请求人可以自收到人民检察院作出的赔偿或者不予赔偿决定之日起三十日内，向上一级人民检察院申请复议。

第二十二条 人民检察院收到复议申请后，应当及时进行审查，分别不同情况作出处理：

（一）对符合法定条件的复议申请，复议机关应当受理；

（二）对超过法定期间提出的，复议机关不予受理；

（三）对申请复议的材料不齐备的，告知赔偿请求人补充有关材料。

第二十三条 复议赔偿案件可以调取有关的案卷材料。对事实不清的，可以要求原承办案件的人民检察院补充调查，也可以自行调查。对损害事实及因果关系、重要证据有争议的，应当听取赔偿请求人和赔偿义务机关的意见。

第二十四条 对审查终结的复议案件，应当制作赔偿复议案件的审查终结报告，提出具体处理意见，经部门集体讨论、负责人审核，报检察长决定。重大、复杂案件，由检察长提交检察委员会审议决定。

第二十五条 复议赔偿案件，应当根据不同情形分别作出决定：

（一）原决定事实清楚，适用法律正确，赔偿方式、项目、数额适当的，予以维持；

（二）原决定认定事实或者适用法律错误的，予以纠正，赔偿方式、项目、数额不当的，予以变更；

（三）赔偿义务机关逾期未作出决定的，依法作出决定。

第二十六条 人民检察院应当自收到复议申请之日起二个月内作出复议决定。

复议决定作出后，应当制作《刑事赔偿复议决定书》，并自作出决定之日起十日内直接送达赔偿义务机关和赔偿请求人。直接送达赔偿请求人有困难的，可以委托其所在地的人民检察院代为送达。

第二十七条 人民检察院送达刑事赔偿复议决定书，应当向赔偿请求人说明法律依据和事实证据情况，并告知赔偿请求人如对赔偿复议决定有异议，可以自收到复议决定之日起三十日内向复议机关所在地的同级人民法院赔偿委员会申请作出赔偿决定；如对赔偿复议决定没有异议，要求依照复议决定书支付赔偿金的，应当提出支付赔偿金申请。

第二十八条 人民检察院复议赔偿案件，实行一次复议制。

第五章 赔偿监督

第二十九条 赔偿请求人或者赔偿义务机关不服人民法院赔偿委员会作出的刑事赔偿决定或者民事、行政诉讼赔偿决定，以及人民法院行政赔偿判决、裁定，向人民检察院申诉的，人民检察院应当受理。

第三十条 最高人民检察院发现各级人民法院赔偿委员会作出的决定，

上级人民检察院发现下级人民法院赔偿委员会作出的决定，具有下列情形之一的，应当自本院受理之日起三十日内立案：

（一）有新的证据，可能足以推翻原决定的；

（二）原决定认定事实的主要证据可能不足的；

（三）原决定适用法律可能错误的；

（四）违反程序规定、可能影响案件正确处理的；

（五）有证据证明审判人员在审理该案时有贪污受贿、徇私舞弊、枉法处理行为的。

下级人民检察院发现上级或者同级人民法院赔偿委员会作出的赔偿决定具有上列情形之一的，经检察长批准或者检察委员会审议决定后，层报有监督权的上级人民检察院审查。

第三十一条 人民检察院立案后，应当在五日内将《赔偿监督立案通知书》送达赔偿请求人和赔偿义务机关。

立案应当经部门负责人批准。

人民检察院决定不立案的，应当在五日内将《赔偿监督申请审查结果通知书》送达提出申诉的赔偿请求人或者赔偿义务机关。赔偿请求人或者赔偿义务机关不服的，可以向作出决定的人民检察院或者上一级人民检察院申诉。人民检察院应当在收到申诉之日起十日内予以答复。

第三十二条 对立案审查的案件，应当全面审查申诉材料和全部案卷。

具有下列情形之一的，可以进行补充调查：

（一）赔偿请求人由于客观原因不能自行收集的主要证据，向人民法院赔偿委员会提供了证据线索，人民法院未进行调查取证的；

（二）赔偿请求人和赔偿义务机关提供的证据互相矛盾，人民法院赔偿委员会未进行调查核实的；

（三）据以认定事实的主要证据可能是虚假、伪造的；

（四）审判人员在审理该案时可能有贪污受贿、徇私舞弊、枉法处理行为的。

对前款第一至三项规定情形的调查，由本院国家赔偿工作办公室或者指令下级人民检察院国家赔偿工作办公室进行。对第四项规定情形的调查，应当根据人民检察院内部业务分工，由本院主管部门或者指令下级人民检察院主管部门进行。

第三十三条 对审查终结的赔偿监督案件，应当制作赔偿监督案件审查终结报告，载明案件来源、原案处理情况、申诉理由、审查认定的事实，提出处理意见。经部门集体讨论、负责人审核，报检察长决定。重大、复杂案件，由检察长提交检察委员会讨论决定。

第三十四条 人民检察院审查终结的赔偿监督案件，具有下列情形之一的，应当依照国家赔偿法第三十条第三款的规定，向同级人民法院赔偿委员会提出重新审查意见：

（一）有新的证据，足以推翻原决定的；

（二）原决定认定事实的主要证据不足的；

（三）原决定适用法律错误的；

（四）违反程序规定、影响案件正确处理的；

（五）作出原决定的审判人员在审理该案时有贪污受贿、徇私舞弊、枉法处理行为的。

第三十五条 人民检察院向人民法院赔偿委员会提出重新审查意见的，应当制作《重新审查意见书》，载明案件来源、基本案情以及要求重新审查的理由、法律依据。

第三十六条 《重新审查意见书》副本应当在作出决定后十日内送达赔偿请求人和赔偿义务机关。

人民检察院立案后决定不提出重新审查意见的，应当在作出决定后十日内将《赔偿监督案件审查结果通知书》，送达赔偿请求人和赔偿义务机关。赔偿请求人或者赔偿义务机关不服的，可以向作出决定的人民检察院或者上一级人民检察院申诉。人民检察院应当在收到申诉之日起十日内予以答复。

第三十七条 对赔偿监督案件，人民检察院应当在立案后三个月内审查办结，并依法提出重新审查意见。属于特别重大、复杂的案件，经检察长批准，可以延长二个月。

第三十八条 人民检察院对人民法院行政赔偿判决、裁定提出抗诉，适用《人民检察院民事行政抗诉案件办案规则》等规定。

第六章　执　　行

第三十九条 负有赔偿义务的人民检察院负责赔偿决定的执行。

支付赔偿金的，由国家赔偿工作办公室办理有关事宜；返还财产或者恢复原状的，由国家赔偿工作办公室通知原案件承办部门在二十日内执行，重大、复杂的案件，经检察长批准，可以延长十日。

第四十条 赔偿请求人凭生效的《刑事赔偿决定书》、《刑事赔偿复议决定书》或者《人民法院赔偿委员会决定书》，向负有赔偿义务的人民检察院申请支付赔偿金。

支付赔偿金申请采取书面形式。赔偿请求人书写申请书确有困难的，可以委托他人代书；也可以口头申请，由负有赔偿义务的人民检察院记入笔录，并由赔偿请求人签名或者盖章。

第四十一条 负有赔偿义务的人民检察院应当自收到赔偿请求人支付赔偿金申请之日起七日内，依照预算管理权限向有关的财政部门提出支付申请。向赔偿请求人支付赔偿金，依照国务院制定的国家赔偿费用管理有关规定办理。

第四十二条 对有国家赔偿法第十七条规定的情形之一，致人精神损害的，负有赔偿义务的人民检察院应当在侵权行为影响的范围内，为受害人消除影响，恢复名誉，赔礼道歉；造成严重后果的，应当支付相应的精神损害抚慰金。

第七章 其他规定

第四十三条 人民检察院应当依照国家赔偿法的有关规定参与人民法院赔偿委员会审理工作。

第四十四条 人民检察院在办理外国公民、法人和其他组织请求中华人民共和国国家赔偿的案件时，案件办理机关应当查明赔偿请求人所属国是否对中华人民共和国公民、法人和其他组织要求该国国家赔偿的权利不予保护或者限制。

地方人民检察院需要查明涉外相关情况的，应当逐级层报，统一由最高人民检察院国际合作部门办理。

第四十五条 人民检察院在办理刑事赔偿案件时，发现检察机关原刑事案件处理决定确有错误，影响赔偿请求人依法取得赔偿的，应当由刑事申诉检察部门立案复查，提出审查处理意见，报检察长或者检察委员会决定。刑事复查案件应当在三十日内办结；办理刑事复查案件和刑事赔偿案件的合计时间不得超过法定赔偿办案期限。

人民检察院在办理本院为赔偿义务机关的案件时，改变原决定、可能导致不予赔偿的，应当报请上一级人民检察院批准。

对于犯罪嫌疑人没有违法犯罪行为的，或者犯罪事实并非犯罪嫌疑人所为的案件，人民检察院根据刑事诉讼法第一百四十二条第一款的规定作不起诉处理的，应当在刑事赔偿决定书或者复议决定书中直接说明该案不属于国家免责情形，依法作出予以赔偿的决定。

第四十六条 人民检察院在办理本院为赔偿义务机关的案件时或者作出赔偿决定以后，对于撤销案件、不起诉案件或者人民法院宣告无罪的案件，重新立案侦查、提起公诉、提出抗诉的，应当报请上一级人民检察院批准，正在办理的刑事赔偿案件应当中止办理。经人民法院终审判决有罪的，正在办理的刑事赔偿案件应当终结；已作出赔偿决定的，应当由作出赔偿决定的机关予以撤销，已支付的赔偿金应当追缴。

第四十七条 依照本规定作出的《刑事赔偿决定书》、《刑事赔偿复议决定书》、《重新审查意见书》均应当加盖人民检察院院印，并于十日内报上一级人民检察院备案。

第四十八条 人民检察院赔偿后，根据国家赔偿法第三十一条的规定，应当向有下列情形之一的检察人员追偿部分或者全部赔偿费用：

（一）刑讯逼供或者殴打、虐待等或者唆使、放纵他人殴打、虐待等造成公民身体伤害或者死亡的；

（二）违法使用武器、警械造成公民身体伤害或者死亡的；

（三）在处理案件中有贪污受贿、徇私舞弊、枉法追诉行为的。

对有前款规定情形的责任人员，人民检察院应当依照有关规定给予处分；构成犯罪的，应当依法追究刑事责任。

第四十九条 人民检察院办理国家赔偿案件、开展赔偿监督，不得向赔偿请求人或者赔偿义务机关收取任何费用。

第八章 附 则

第五十条 本规定自2010年12月1日起施行，2000年11月6日最高人民检察院第九届检察委员会第七十三次会议通过的《人民检察院刑事赔偿工作规定》同时废止。

第五十一条 本规定由最高人民检察院负责解释。

附件：人民检察院国家赔偿案件文书样式（略）

公安国家赔偿法律文书（式样）

制作与使用一般要求

一、公安机关办理国家赔偿案件，应当根据案件的不同情形和不同环节，选用相应法律文书。

二、文书内容填写应当完整、准确、规范。填写法律条文时，应当具体到条、款、项。告知法律救济途径，应当在相应空白处写明具体的救济机关。

三、文书编号按照以下要求填写：首位“×”处填写制作法律文书的公安机关代字；“〔 〕”内填写年度；“ 号”处填写该文书的顺序编号。

四、文书中“姓名”“名称”“出生日期”“住所”按照以下要求填写：“姓名”，是指户籍登记注明的常用姓名。“名称”，是指机关、团体、企业、事业等单位的全称。“出生日期”，以公历（阳历）为准，具体到年月日。“住所”，对于自然人，是指户籍所在地或者经常居住地；对于法人或者其他组织，是指主要办事机构所在地或者注册地、登记地。

五、一式多份的文书在制作时应当保持同一项目填写内容一致。

六、文书制作统一使用国际标准 A4 型纸。

七、文书直接送达的，送达人应当要求被送达人在附卷文书下方空白处签名并注明收到的日期，被送达人拒绝签名的，送达人应当在附卷文书上注明；文书邮寄送达的，应当将邮寄凭证附卷。

目　录

……

二、行政赔偿类

2－1 行政赔偿申请不予受理决定书

2－2 行政赔偿申请驳回决定书

2－3 行政赔偿终结审查决定书

2－4 行政赔偿决定书

三、刑事赔偿类

3－1 刑事赔偿申请不予受理决定书

3－2 刑事赔偿申请驳回决定书

3－3 刑事赔偿终结审查决定书

3－4 刑事赔偿决定书

四、刑事赔偿复议类

4－1 刑事赔偿复议申请补正通知书

4－2 刑事赔偿复议申请不予受理决定书

4－3 刑事赔偿复议申请驳回决定书

4－4 刑事赔偿复议中止审查通知书

4－5 刑事赔偿复议恢复审查通知书

4－6 刑事赔偿复议责令恢复审查通知书

4－7 刑事赔偿复议终结审查决定书

4－8 刑事赔偿复议决定书

……

（式样2-1）

（此处印制公安机关名称）

行政赔偿申请不予受理决定书

×公行赔不受字〔××××〕×号

赔偿请求人：……（姓名/名称、住所等基本情况）。

本机关收到赔偿请求人提出的行政赔偿申请。经审查认为：……（不予受理的事由）。根据《公安机关办理国家赔偿案件程序规定》第十条第二项、第十一条第一款第×项的规定，决定不予受理。

如不服本决定，可以自收到本决定书之日起三个月内向……（有管辖权的人民法院）提起诉讼。

××××年××月××日

（公安机关印章或者国家赔偿专用章）

一式二份，一份交赔偿请求人、一份附卷。

制作与使用说明

一、本文书是赔偿义务机关审查认为行政赔偿申请不符合申请条件，决定不予受理的文书。

二、赔偿请求人为自然人的，“赔偿请求人”填写姓名、出生日期和住所，有法定代理人的，增加填写法定代理人的姓名；赔偿请求人为法人或者其他组织的，填写名称、住所和法定代表人或者主要负责人的姓名、职务；有委托代理人的，增加填写委托代理人的姓名，委托代理人为律师的，增加填写单位名称。

三、“不予受理的事由”填写《公安机关办理国家赔偿案件程序规定》第十一条第一款规定的情形，并对应填写该条款中的具体项作为法律依据。

（式样 2－2）

（此处印制公安机关名称）

行政赔偿申请驳回决定书

×公行赔驳字〔××××〕×号

赔偿请求人：……（姓名/名称、住所等基本情况）。

本机关收到赔偿请求人提出的行政赔偿申请。经审查认为：……（驳回申请的事由）。根据《公安机关办理国家赔偿案件程序规定》第十一条第一款第×项及第二款的规定，决定驳回申请。

如不服本决定，可以自收到本决定书之日起三个月内向……（有管辖权的人民法院）提起诉讼。

××××年××月××日

（公安机关印章或者国家赔偿专用章）

一式二份，一份交赔偿请求人、一份附卷。

制作与使用说明

一、本文书是赔偿义务机关受理行政赔偿申请后，发现不符合申请条件，决定驳回申请的文书。

二、赔偿请求人为自然人的，“赔偿请求人”填写姓名、出生日期和住所，有法定代理人的，增加填写法定代理人的姓名；赔偿请求人为法人或者其他组织的，填写名称、住所和法定代表人或者主要负责人的姓名、职务；有委托代理人的，增加填写委托代理人的姓名，委托代理人为律师的，增加填写单位名称。

三、“驳回申请的事由”填写《公安机关办理国家赔偿案件程序规定》第十一条第一款规定的情形，并对应填写该条款中的具体项作为法律依据。

（式样 2－3）

（此处印制公安机关名称）

行政赔偿终结审查决定书

×公行赔终字〔××××〕×号

赔偿请求人：……（姓名/名称、住所等基本情况）。

本机关已依法受理赔偿请求人提出的行政赔偿申请。在审查期间，因……（终结审查的事由），根据《公安机关办理国家赔偿案件程序规定》第二十四条第一款第×项的规定，决定终结审查。

如不服本决定，可以自收到本决定书之日起三个月内向……（有管辖权的人民法院）提起诉讼。

××××年××月××日

（公安机关印章或者国家赔偿专用章）

一式二份，一份交赔偿请求人、一份附卷。

制作与使用说明

一、本文书是行政赔偿案件出现法定情形，赔偿义务机关决定终结审查的文书。

二、赔偿请求人为自然人的，“赔偿请求人”填写姓名、出生日期和住所，有法定代理人的，增加填写法定代理人的姓名；赔偿请求人为法人或者其他组织的，填写名称、住所和法定代表人或者主要负责人的姓名、职务；有委托代理人的，增加填写委托代理人的姓名，委托代理人为律师的，增加填写单位名称。

三、“终结审查的事由”填写《公安机关办理国家赔偿案件程序规定》第二十四条第一款规定的情形，并对应填写该条款中的具体项作为法律依据。

（式样2－4）

（此处印制公安机关名称）

行政赔偿决定书

×公行赔决字〔××××〕×号

赔偿请求人：……（姓名/名称、住所等基本情况）。

赔偿请求人向本机关提出行政赔偿申请，请求……（具体赔偿要求）。本机关依法受理，现已审查终结。

经审理查明：……（查明的主要事实）。

以上事实有下列证据证明：……（证明查明事实的证据）。

本机关认为：……（决定予以赔偿或者不予赔偿的理由）。根据……（具体法律条文）的规定，本机关决定如下：……（决定内容）。

如不服本决定，可以自收到本决定书之日起三个月内，向……（有管辖权的人民法院）提起诉讼。

××××年××月××日

（公安机关印章或者国家赔偿专用章）

一式二份，一份交赔偿请求人、一份附卷。

制作与使用说明

一、本文书是赔偿义务机关对行政赔偿申请予以审查后，作出予以赔偿或者不予赔偿决定的文书。

二、赔偿请求人为自然人的，“赔偿请求人”填写姓名、出生日期和住所，有法定代理人的，增加填写法定代理人的姓名；赔偿请求人为法人或者其他组织的，填写名称、住所和法定代表人或者主要负责人的姓名、职务；有委托代理人的，增加填写委托代理人的姓名，委托代理人为律师的，增加填写单位名称。

三、赔偿审查期间赔偿请求人变更赔偿请求的，“具体赔偿要求”写明变更后的赔偿请求。

四、“经审理查明”填写查明的案件事实，主要是《公安机关办理国家赔偿案件程序规定》第十五条第一款、第二款规定的查明事项。赔偿义务机关与赔偿请求人就赔偿方式、项目和数额进行协商并达成一致的，说明协商情况及结果。

五、“本机关认为”阐述对赔偿请求事项是否合法、合理的认定及理由，加强说理性。

六、“本机关决定如下”写明是否予以赔偿。予以赔偿的，逐项写明赔偿方式、项目和数额。

（式样3－1）

（此处印制公安机关名称）

刑事赔偿申请不予受理决定书

×公刑赔不受字〔××××〕×号

赔偿请求人：……（姓名/名称、住所等基本情况）。

本机关收到赔偿请求人提出的刑事赔偿申请。经审查认为：……（不予受理的事由）。根据《公安机关办理国家赔偿案件程序规定》第十条第二项、第十一条第一款第×项的规定，决定不予受理。（因《公安机关办理国家赔偿案件程序规定》第十一条第一款第六项情形不予受理的，告知赔偿请求人可以在终止追究刑事责任后重新申请）

如不服本决定，可以自收到本决定书之日起三十日内向……（上一级公安机关）申请复议。

××××年××月××日

（公安机关印章或者国家赔偿专用章）

一式二份，一份交赔偿请求人、一份附卷。

制作与使用说明

一、本文书是赔偿义务机关审查认为刑事赔偿申请不符合申请条件，决定不予受理的文书。

二、赔偿请求人为自然人的，“赔偿请求人”填写姓名、出生日期和住所，有法定代理人的，增加填写法定代理人的姓名；赔偿请求人为法人或者其他组织的，填写名称、住所和法定代表人或者主要负责人的姓名、职务；有委托代理人的，增加填写委托代理人的姓名，委托代理人为律师的，增加填写单位名称。

三、“不予受理的事由”填写《公安机关办理国家赔偿案件程序规定》第十一条第一款规定的情形，并对应填写该条款中的具体项作为法律依据。

四、以有证据证明尚未终止追究刑事责任为由不予受理的，增加告知赔偿请求人可以在终止追究刑事责任后重新申请。

（式样3－2）

（此处印制公安机关名称）

刑事赔偿申请驳回决定书

×公刑赔驳字〔××××〕×号

赔偿请求人：……（姓名/名称、住所等基本情况）。

本机关收到赔偿请求人提出的刑事赔偿申请。经审查认为：……（驳回申请的事由）。根据《公安机关办理国家赔偿案件程序规定》第十一条第一款第×项及第二款的规定，决定驳回申请。（因《公安机关办理国家赔偿案件程序规定》第十一条第一款第六项情形驳回申请的，告知赔偿请求人可以在终止追究刑事责任后重新申请）

如不服本决定，可以自收到本决定书之日起三十日内向……（上一级公安机关）申请复议。

××××年××月××日

（公安机关印章或者国家赔偿专用章）

一式二份，一份交赔偿请求人、一份附卷。

制作与使用说明

一、本文书是赔偿义务机关受理刑事赔偿申请后，发现不符合申请条件，决定驳回申请的文书。

二、赔偿请求人为自然人的，“赔偿请求人”填写姓名、出生日期和住所，有法定代理人的，增加填写法定代理人的姓名；赔偿请求人为法人或者其他组织的，填写名称、住所和法定代表人或者主要负责人的姓名、职务；有委托代理人的，增加填写委托代理人的姓名，委托代理人为律师的，增加填写单位名称。

三、“驳回申请的事由”填写《公安机关办理国家赔偿案件程序规定》第十一条第一款规定的情形，并对应填写该条款中的具体项作为法律依据。

四、以有证据证明尚未终止追究刑事责任为由驳回申请的，增加告知赔偿请求人可以在终止追究刑事责任后重新申请。

（式样 3－3）

（此处印制公安机关名称）

刑事赔偿终结审查决定书

×公刑赔终字〔××××〕×号

赔偿请求人：……（姓名/名称、住所等基本情况）。

本机关已依法受理赔偿请求人提出的刑事赔偿申请。在审查期间，因……（终结审查的事由），根据《公安机关办理国家赔偿案件程序规定》第二十四条第一款第×项的规定，决定终结审查。

如不服本决定，可以自收到本决定书之日起三十日内向……（上一级公安机关）申请复议。

××××年××月××日

（公安机关印章或者国家赔偿专用章）

一式二份，一份赔偿请求人、一份附卷。

制作与使用说明

一、本文书是刑事赔偿案件出现法定情形，赔偿义务机关决定终结审查的文书。

二、赔偿请求人为自然人的，“赔偿请求人”填写姓名、出生日期和住所，有法定代理人的，增加填写法定代理人的姓名；赔偿请求人为法人或者其他组织的，填写名称、住所和法定代表人或者主要负责人的姓名、职务；有委托代理人的，增加填写委托代理人的姓名，委托代理人为律师的，增加填写单位名称。

三、“终结审查的事由”填写《公安机关办理国家赔偿案件程序规定》第二十四条第一款规定的情形，并对应填写该条款中的具体项作为法律依据。

（式样 3－4）

（此处印制公安机关名称）

刑事赔偿决定书

×公刑赔决字〔××××〕×号

赔偿请求人：……（姓名/名称、住所等基本情况）。

赔偿请求人向本机关提出刑事赔偿申请，请求……（具体赔偿要求）。本机关依法受理，现已审查终结。

经审理查明：……（查明的主要事实）。

以上事实有下列证据证明：……（证明查明事实的证据）。

本机关认为：……（决定予以赔偿或者不予赔偿的理由）。根据……（具体法律条文）的规定，本机关决定如下：

……（决定内容）。

如不服本决定，可以自收到本决定书之日起三十日内向……（上一级公安机关）申请复议。

××××年××月××日

（公安机关印章或者国家赔偿专用章）

一式二份，一份交赔偿请求人、一份附卷。

制作与使用说明

一、本文书是赔偿义务机关对刑事赔偿申请予以审查后，作出予以赔偿或者不予赔偿决定的文书。

二、赔偿请求人为自然人的，“赔偿请求人”填写姓名、出生日期和住所，有法定代理人的，增加填写法定代理人的姓名；赔偿请求人为法人或者其他组织的，填写名称、住所和法定代表人或者主要负责人的姓名、职务；有委托代理人的，增加填写委托代理人的姓名，委托代理人为律师的，增加填写单位名称。

三、赔偿审查期间赔偿请求人变更赔偿请求的，“具体赔偿要求”写明变更后的赔偿请求。

四、“经审理查明”填写查明的案件事实，主要是《公安机关办理国家赔偿案件程序规定》第十五条第一款、第二款规定的查明事项。赔偿义务机关与赔偿请求人就赔偿方式、项目和数额进行协商并达成一致的，说明协商情况及结果。

五、“本机关认为”阐述对赔偿请求事项是否合法、合理的认定及理由，加强说理性。

六、“本机关决定如下”写明是否予以赔偿。予以赔偿的，逐项写明赔偿方式、项目和数额。

（式样 4－1）

（此处印制公安机关名称）

刑事赔偿复议申请补正通知书

×公赔复补字〔××××〕×号

×××（赔偿请求人姓名/名称）：

本机关收到你提出的刑事赔偿复议申请。经审查认为：该申请材料……（不齐全或者表述不清楚）。根据《公安机关办理国家赔偿案件程序规定》第三十六条第一项的规定，请自收到本通知书之日起××日内补正以下材料：……（需要补正的全部事项）。

收到申请的时间自收到补正材料之日起计算。

××××年××月××日

（公安机关印章或者国家赔偿专用章）

一式二份，一份交赔偿请求人、一份附卷。

制作与使用说明

一、本文书是刑事赔偿复议申请材料不齐全或者表述不清楚的，复议机关告知赔偿请求人需要补正事项的文书。

二、填写补正事项应明确需要补正的全部内容及具体要求，补正时间应合理。

（式样 4－2）

（此处印制公安机关名称）

刑事赔偿复议申请不予受理决定书

×公赔复不受字〔××××〕×号

赔偿请求人：……（姓名/名称、住所等基本情况）。

赔偿义务机关：……（名称、住所等基本情况）。

本机关收到赔偿请求人提出的刑事赔偿复议申请。经审查认为：……（不予受理的事由）。根据《公安机关办理国家赔偿案件程序规定》第三十六条第二项、第三十七条第一款第×项的规定，决定不予受理。

如不服本决定，可以自收到本决定书之日起三十日内向……（所在地的同级人民法院赔偿委员会）申请作出赔偿决定。

××××年××月××日

（公安机关印章或者国家赔偿专用章）

一式二份，一份交赔偿请求人、一份附卷。

制作与使用说明

一、本文书是复议机关审查认为刑事赔偿复议申请不符合申请条件，决定不予受理的文书。

二、赔偿请求人为自然人的，“赔偿请求人”填写姓名、出生日期和住所，有法定代理人的，增加填写法定代理人的姓名；赔偿请求人为法人或者其他组织的，填写名称、住所和法定代表人或者主要负责人的姓名、职务；有委托代理人的，增加填写委托代理人的姓名，委托代理人为律师的，增加填写单位名称。

三、“赔偿义务机关”填写名称、住所和法定代表人或者主要负责人的姓名、职务。

四、“不予受理的事由”填写《公安机关办理国家赔偿案件程序规定》第三十七条第一款规定的情形，并对应填写该条款中的具体项作为法律依据。

（式样 4－3）

（此处印制公安机关名称）

刑事赔偿复议申请驳回决定书

×公赔复驳字〔××××〕×号

赔偿请求人：……（姓名/名称、住所等基本情况）。

赔偿义务机关：……（名称、住所等基本情况）。

本机关收到赔偿请求人提出的刑事赔偿复议申请。经审查认为：……（驳回申请的事由）。根据《公安机关办理国家赔偿案件程序规定》第三十七条第一款第×项及第二款的规定，决定驳回申请。

如不服本决定，可以自收到本决定书之日起三十日内向……（所在地的同级人民法院赔偿委员会）申请作出赔偿决定。

××××年××月××日

（公安机关印章或者国家赔偿专用章）

一式三份，一份交赔偿请求人、一份交赔偿义务机关、一份附卷。

制作与使用说明

一、本文书是复议机关受理刑事赔偿复议申请后，发现不符合申请条件，决定驳回申请的文书。

二、赔偿请求人为自然人的，“赔偿请求人”填写姓名、出生日期和住所，有法定代理人的，增加填写法定代理人的姓名；赔偿请求人为法人或者其他组织的，填写名称、住所和法定代表人或者主要负责人的姓名、职务；有委托代理人的，增加填写委托代理人的姓名，委托代理人为律师的，增加填写单位名称。

三、“赔偿义务机关”填写名称、住所和法定代表人或者主要负责人的姓名、职务。

四、“驳回申请的事由”填写《公安机关办理国家赔偿案件程序规定》第三十七条第一款规定的情形，并对应填写该条款中的具体项作为法律依据。

（式样4－4）

（此处印制公安机关名称）

刑事赔偿复议中止审查通知书

×公赔复中止字〔××××〕×号

赔偿请求人：……（姓名/名称、住所等基本情况）。

赔偿义务机关：……（名称、住所等基本情况）。

本机关已依法受理赔偿请求人提出的刑事赔偿复议申请。在审查期间，因……（中止审查的事由），根据《公安机关办理国家赔偿案件程序规定》第四十五条第一款第×项的规定，自即日起中止审查。

中止审查情形消除后，本机关将在二个工作日内恢复审查。

××××年××月××日

（公安机关印章或者国家赔偿专用章）

一式三份，一份交赔偿请求人、一份交赔偿义务机关、一份附卷。

制作与使用说明

一、本文书是复议机关在案件审查过程中，告知有关当事人中止案件审查的文书。

二、赔偿请求人为自然人的，“赔偿请求人”填写姓名、出生日期和住所，有法定代理人的，增加填写法定代理人的姓名；赔偿请求人为法人或者其他组织的，填写名称、住所和法定代表人或者主要负责人的姓名、职务；有委托代理人的，增加填写委托代理人的姓名，委托代理人为律师的，增加填写单位名称。

三、“赔偿义务机关”填写名称、住所和法定代表人或者主要负责人的姓名、职务。

四、“中止审查的事由”填写《公安机关办理国家赔偿案件程序规定》第四十五条第一款规定的情形，并对应填写该条款中的具体项作为法律依据。

（式样4－5）

（此处印制公安机关名称）

刑事赔偿复议恢复审查通知书

×公赔复恢审字〔××××〕×号

赔偿请求人：……（姓名/名称、住所等基本情况）。

赔偿义务机关：……（名称、住所等基本情况）。

本机关中止审查了赔偿请求人提出的刑事赔偿复议申请，现中止审查的情形已消除。根据《公安机关办理国家赔偿案件程序规定》第四十五条第二款的规定，从即日起恢复审查。

××××年××月××日

（公安机关印章或者国家赔偿专用章）

一式三份，一份交赔偿请求人、一份交赔偿义务机关、一份附卷。

制作与使用说明

一、本文书是中止情形消除后，复议机关告知有关当事人恢复审查的文书。

二、赔偿请求人为自然人的，“赔偿请求人”填写姓名、出生日期和住所，有法定代理人的，增加填写法定代理人的姓名；赔偿请求人为法人或者其他组织的，填写名称、住所和法定代表人或者主要负责人的姓名、职务；有委托代理人的，增加填写委托代理人的姓名，委托代理人为律师的，增加填写单位名称。

三、“赔偿义务机关”填写名称、住所和法定代表人或者主要负责人的姓名、职务。

四、中止审查情形消除后，复议机关应在二个工作日内恢复审查并制作本文书。

（式样4－6）

（此处印制公安机关名称）

刑事赔偿复议责令恢复审查通知书

×公赔复责恢审字〔××××〕×号

×××（复议机关名称）：

经审查，你机关作出的×公赔复中止字〔××××〕×号刑事赔偿复议中止审查通知书不符合《公安机关办理国家赔偿案件程序规定》第四十五条第一款的规定。根据《公安机关办理国家赔偿案件程序规定》第四十五条第三款的规定，责令你机关自收到本通知书之日起恢复审查。

××××年××月××日

（公安机关印章或者国家赔偿专用章）

一式三份，一份交复议机关、一份交赔偿请求人、一份附卷。

制作与使用说明

本文书是复议机关的上一级公安机关发现刑事赔偿复议中止审查不符合规定且未恢复审查的，责令复议机关恢复审查的文书。

（式样4－7）

（此处印制公安机关名称）

刑事赔偿复议终结审查决定书

×公赔复终字〔××××〕×号

赔偿请求人：……（姓名/名称、住所等基本情况）。

赔偿义务机关：……（名称、住所等基本情况）。

本机关已依法受理赔偿请求人提出的刑事赔偿复议申请。在审查期间，因……（终结审查的事由），根据《公安机关办理国家赔偿案件程序规定》第四十六条第一款第×项的规定，决定终结审查。

如不服本决定，可以自收到本决定书之日起三十日内向……（所在地的同级人民法院赔偿委员会）申请作出赔偿决定。

××××年××月××日

（公安机关印章或者国家赔偿专用章）

一式三份，一份交赔偿请求人、一份交赔偿义务机关、一份附卷。

制作与使用说明

一、本文书是刑事赔偿复议案件出现法定情形，复议机关决定终结审查的文书。

二、赔偿请求人为自然人的，“赔偿请求人”填写姓名、出生日期和住所，有法定代理人的，增加填写法定代理人的姓名；赔偿请求人为法人或者其他组织的，填写名称、住所和法定代表人或者主要负责人的姓名、职务；有委托代理人的，增加填写委托代理人的姓名，委托代理人为律师的，增加填写单位名称。

三、“赔偿义务机关”填写名称、住所和法定代表人或者主要负责人的姓名、职务。

四、“终结审查的事由”填写《公安机关办理国家赔偿案件程序规定》第四十六条第一款规定的情形，并对应填写该条款中的具体项作为法律依据。

（式样4－8）

（此处印制公安机关名称）

刑事赔偿复议决定书

×公赔复决字〔××××〕×号

赔偿请求人：……（姓名/名称、住所等基本情况）。

赔偿义务机关：……（名称、住所等基本情况）。

赔偿请求人不服赔偿义务机关……（作出的不予受理/驳回申请/终结审查/赔偿决定/逾期未作决定），向本机关申请刑事赔偿复议，请求……（具体复议要求）。本机关依法受理，现已审查终结。

经审理查明：……（查明的主要事实）。

以上事实有下列证据证明：……（证明查明事实的证据）。

本机关认为：……（作出刑事赔偿复议决定的理由）。根据……（具体法律条文）的规定，本机关决定如下：

……（决定内容）。

如不服本决定，可以自收到本决定书之日起三十日内，向……（所在地的同级人民法院赔偿委员会）申请作出赔偿决定。

××××年××月××日

（公安机关印章或者国家赔偿专用章）

一式三份，一份交赔偿请求人、一份交赔偿义务机关、一份附卷。

制作与使用说明

一、本文书是复议机关对刑事赔偿复议申请予以审查后作出决定的文书。

二、赔偿请求人为自然人的，“赔偿请求人”填写姓名、出生日期和住所，有法定代理人的，增加填写法定代理人的姓名；赔偿请求人为法人或者其他组织的，填写名称、住所和法定代表人或者主要负责人的姓名、职务；有委托代理人的，增加填写委托代理人的姓名，委托代理人为律师的，增加填写单位名称。

三、“赔偿义务机关”填写名称、住所和法定代表人或者主要负责人的姓名、职务。

四、赔偿请求人申请复议时变更向赔偿义务机关提出的赔偿请求，或者在复议审查期间变更复议请求的，写明变更后的请求。

五、“经审理查明”填写查明的案件事实，主要是赔偿义务机关对赔偿请求的处理情况，以及《公安机关办理国家赔偿案件程序规定》第十五条第一款、第二款规定的查明事项。复议机关组织赔偿义务机关与赔偿请求人就赔偿方式、项目和数额进行调解并达成一致的，说明调解情况及结果。

六、“本机关认为”阐述对赔偿义务机关所作处理是否合法、合理的认定及理由，加强说理性。

七、“本机关决定如下”填写《公安机关办理国家赔偿案件程序规定》第四十九条、第五十条、第五十一条规定的决定内容。直接决定予以赔偿的，逐项写明赔偿方式、项目和数额。

国家赔偿项目计算公式[①]

一、侵犯公民人身自由的赔偿金

侵犯公民人身自由的赔偿金额＝受害人被限制人身自由的天数×国家上年度职工日平均工资

二、医疗费

医疗费＝诊察费＋治疗费＋化验费＋药费＋住院费

三、误工费

误工费＝国家上年度职工日平均工资×受害人的误工天数≤国家上年度职工年平均工资的五倍

四、残疾赔偿金

残疾赔偿金≤国家上年度职工年平均工资×20

---

① 仅供参考。

五、生活费赔偿金

1. 被扶养人为未满 18 岁子女的生活费赔偿金

生活费 = 当地最低生活保障标准 ×（18 岁 − 子女的年龄）

2. 其他无劳动能力的被扶养人生活费赔偿金

生活费 = 当地最低生活保障标准 × N 年

注：公式中“N”表示被扶养人的剩余寿命。根据国家赔偿法的规定，无劳动能力的成年被扶养人生活费应给付至死亡时止。

六、死亡赔偿金和丧葬费

死亡赔偿金和丧葬费之和 = 国家上年度职工年平均工资 ×20

七、违法罚款、罚金、追缴、没收财产或者违法征收、征用财产的赔偿金

处罚款、罚金、追缴、没收财产或者违法征收、征用财产的赔偿金 = 与损坏程度相应的赔偿金或与灭失财产相应的赔偿金 + 银行同期存款利息

（注：返还执行的罚款或罚金、追缴或没收的金钱的，应当支付银行同期存款利息）

八、违法查封、扣押、冻结财产的赔偿金

赔偿金额 = 因违法查封、扣押财产而造成的直接经济损失 + 银行同期存款利息

（注：解除冻结的存款或者汇款的，应当支付银行同期的存款利息）

九、拍卖赔偿金

赔偿金额=因违法查封、扣押财产而造成的直接经济损失+银行同期存款利息

十、违法吊销许可证和执照、责令停产停业的损害赔偿金

违法吊销许可证和执照、责令停产停业的损害赔偿金=停产停业期间必要的经常性费用开支=水电费+仓储保管费+职工的基本工资等直接经济损失

十一、其他财产权损害赔偿金

其他财产权损害赔偿金=直接损失

十二、精神损害赔偿

精神损害抚慰金的具体数额，应当在兼顾社会发展整体水平的同时，参考下列因素合理确定：精神受到损害以及造成严重后果的情况；侵权行为的目的、手段、方式等具体情节；侵权机关及其工作人员的违法、过错程度、原因力比例；原错判罪名、刑罚轻重、羁押时间；受害人的职业、影响范围；纠错的事由以及过程；其他应当考虑的因素。

图书在版编目（CIP）数据

中华人民共和国国家赔偿法：实用版 / 中国法制出版社编 .—3 版 .—北京：中国法制出版社，2015. 1
(2025. 11 重印)

ISBN 978 -7 -5093 -6078 -1

Ⅰ. ①中… Ⅱ. ①中… Ⅲ. ①国家赔偿法 - 中国
Ⅳ. ①D922. 11

中国版本图书馆 CIP 数据核字（2015）第 027102 号

责任编辑 卜范杰　　封面设计 杨泽江

中华人民共和国国家赔偿法（实用版）

ZHONGHUA RENMIN GONGHEGUO GUOJIA PEICHANGFA（SHIYONGBAN）

经销/新华书店
印刷/三河市紫恒印装有限公司
开本/850 毫米 ×1168 毫米　32 开　　印张/ 5　字数/ 160 千
版次/2015 年 4 月第 3 版　　2025 年 11 月第 5 次印刷

中国法制出版社出版
书号 ISBN 978 -7 -5093 -6078 -1　　定价：15. 00 元

北京市西城区西便门西里甲 16 号西便门办公区
邮政编码：100053　　传真：010 -63141600
网址：http：//www. zgfzs. com　　编辑部电话：010 -63141673
市场营销部电话：010 -63141612　　总编室电话：010 -63141606
（如有印装质量问题，请与本社总编室联系。）